聖經通識叢書

耶穌生平與福音書要領

孫寶玲、黃錫木著

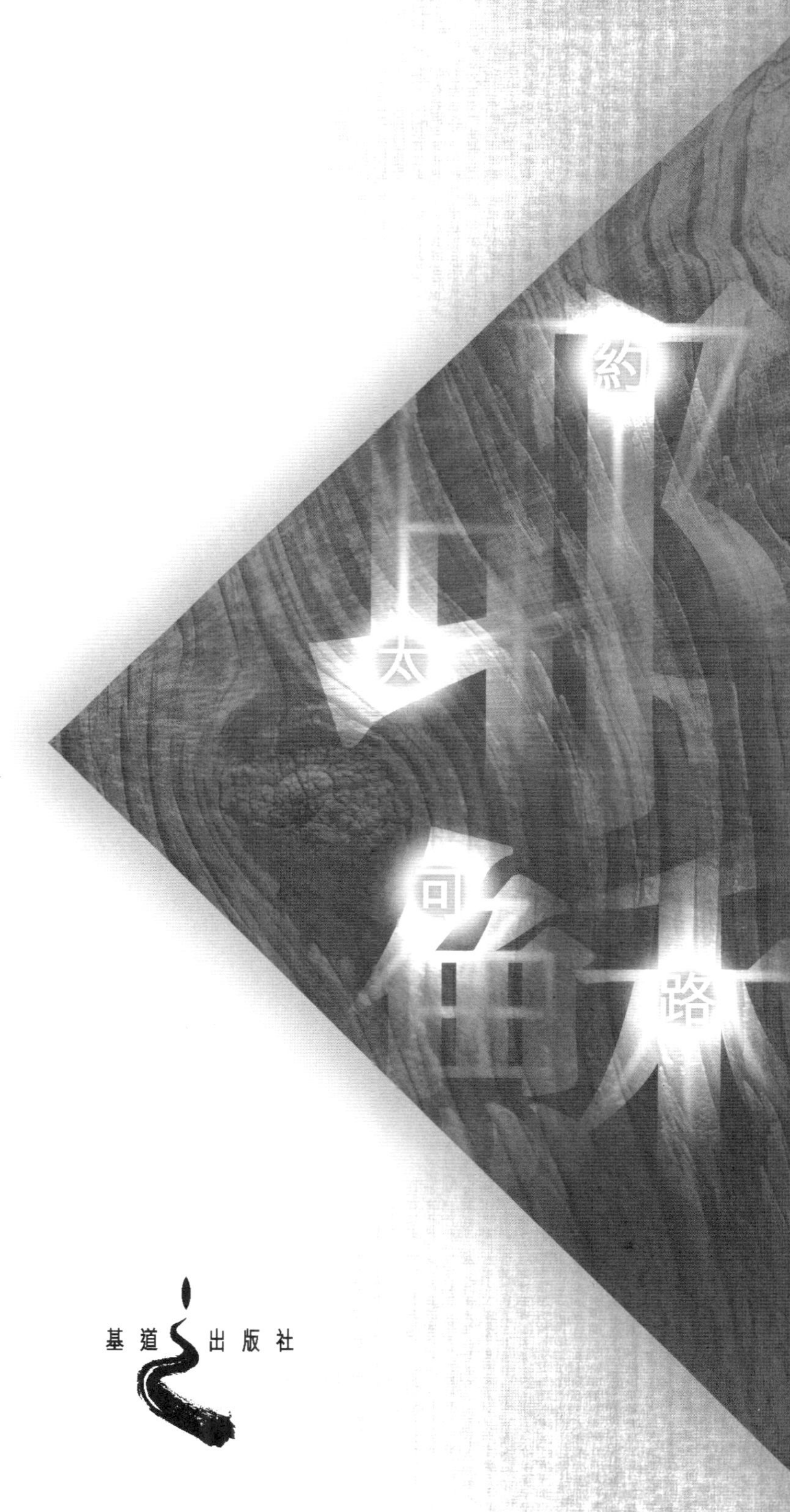

基道出版社

▼

聖經通識叢書

耶穌生平與福音書要領

The Essentials of the Bible
Life of Jesus and the Four Gospels

作者
孫寶玲 Sun, Po-ling、黃錫木 Wong, Simon S.M.

系列編委
張達民、張略、孫寶玲、黃錫木

審閱
陳秀慧

執行編輯
羅慧琪

內文設計
莫可雅

封面設計
胡立強

■

出版／發行
基道出版社
香港沙田火炭坳背灣街 26 號富騰工業中心 10 樓 1011 室
LOGOS PUBLISHERS
Unit 1011, 10/F, Fo Tan Ind. Centre, 26 Au Pui Wan St., Shatin, Hong Kong
電話：(852) 2687-0331 傳真：(852) 2687-0281
網址：https://www.logos.com.hk

承印
陽光(彩美)印刷有限公司

●

12/2002 初版 2/2004 二版 12/2005 三版
Cat. No. LP146-3B
ISBN-10: 962-457-224-0
ISBN-13: 978-962-457-224-7

刷次	15	14	13	12	11	10	9	8	7	
年份	2033	2032	2031	2030	2029	2028	2027	2026	2025	2024

聖經書卷要領

「聖經書卷要領」是「聖經通識叢書」的進階課程，以本叢書之「聖經鳥瞰」(包括「基礎篇」和「進深篇」)為基礎，進深介紹各類別聖經書卷的內容和信息，分別是舊約的五經、歷史書、詩歌智慧書、先知書，以及新約的福音書、使徒行傳和保羅書信、普通書信(包括啟示錄)。透過扼要介紹同一類別的書卷的信息和主題，「聖經書卷要領」可讓讀者循序進入「聖經書卷析讀」較深入的討論；當然，本叢書各冊亦可獨立使用，供資深信徒作研經之用，或作為主日學和查經班的教材。此外，各冊依然保留本叢書的特色：活潑和生動。

為更配合內文的討論，避免花不必要的篇幅討論翻譯等問題，這叢書所引用的聖經譯文全取自《現代中文譯本修訂版》(聯合聖經公會，1995；以下簡稱《現修》)。《現修》的翻譯不一定比教會傳統採用的《和合本》更好，然而，相對於《和合本》而言，《現修》的確是用普羅大眾較易明白的現代漢語寫成，而且大致上能夠頗為準確地表達經文的意思。不過，在《現修》與其他主要譯本有顯著出入的地方，本書都會有特別註明，並內文中常附有《和合本》或其他譯本的經文，以作比較。此外，在處理一些關鍵性的經文翻譯時，我們都會扼要地討論原文的意思，讓讀者無論使用甚麼譯本，都能對經文有準確的理解。

「聖經通識叢書」的特色是要兼顧學術研究的精確和執著，與教會信徒的生活實踐，因此，每冊所討論的內容務求達到學術上的嚴謹，又以平易、通達的詞句表達。我們的目的，是要建立一個真正能夠反映聖經學術研究的普及聖經文化，讓信徒和教會可以享受歷代教會先賢和當今學者努力鑽研的成果，更勇敢地面對聖經研究在21世紀學術上的新發現和新理論，從而培養對追求聖經真理的認真和熱誠，並能在真理的基礎上對自己的信仰有更深層和謙卑的反省。

從不敢面對新的真理的懦弱，
從滿足於對真理一知半解的懶惰，
從自以為通曉一切真理的驕傲，
噢，真理之主，拯救我們！
——古代禱文

序言

在研究新約各書卷之前，熟悉耶穌基督的生平言行是極為重要的事情。因為所有新約的作品都有同樣的信念：雖然耶穌有上帝的身分，但他卻以人的樣式出現在世上，是上帝獨一和完備的啟示。

在新約正典還未成形之先，耶穌言行的記載是每一卷新約正典的標準和試金石。這些言行既然收錄在馬太、馬可、路加和約翰4卷福音書內，重建耶穌生平的框架結構，自然就必須訴諸新約4卷福音書的研讀了。

大體來說，這4卷福音書都企圖記錄耶穌的一生；雖然只有馬太福音和路加福音記載了耶穌的降生，但對於耶穌的公開傳道、受難與復活，4卷書都有很詳盡的記述。從這簡略的大綱就知道，4卷福音書的焦點都集中在耶穌生命中的最後3年，亦即耶穌僅有的3年公開傳道的日子。雖然每一卷福音書皆遵循各自的敍事模式，亦個別有其獨特的風格，但它們所記主要事件之框架卻都清晰可辨。

本書的主要目的是為讀者介紹4卷福音書的內容。由於福音書頗多篇幅都記載相似甚至相同的內容，為避免重複討論，本書將把4卷福音書當作一個整體來考察，而不是逐卷考察每一卷書的內容。各卷福音書作者的寫作目的都是要把耶穌的事蹟及其意義呈現出來，因此我們也試圖綜合4卷福音書的內容，為讀者展示耶穌的職事和意義。對各福音書仔細的研讀，讀者可參陸續出版對各卷福音書的導引。

本書的第一部分有兩章：第一章主要對福音書作一整體的介紹，包括其信息和焦點，而第二章則按逐卷福音書來介紹。

第二部分有8章：分別介紹耶穌的降生及早期生活、耶穌所行的神蹟、耶穌的各種教訓、耶穌的死與復活。福音書作者對同一事件的描述或有差別，我們將從福音書中抽出合用的內容，希望讓讀者對所討論的主題和個別福音書的主旨，有更好的掌握。

正如本叢書中的其他書籍，本書由兩位聖經學者合著，雖然各自的背景不同、看法不同，但均抱著相同的理想，就是要把聖經研究的心得深入淺出地貢獻教會，讓信徒能更深入地了解聖經的信息。在上帝的帶領下，人能放下自己的執著，合作是可以的、美好的。

多謝基道出版社的編輯和製作同工，特別是李慧儀姊妹的統籌，使這書能順利出版。

但願這書能夠使我們更體驗主耶穌基督的榮美和福音書信息的真實性。

孫寶玲、黃錫木

2002年11月11日

錄

第二部分　福音書中的耶穌生平

附錄

專欄目錄

第一部分

福音書導論

既然我們對耶穌生平言行的認識，主要來自新約的4卷福音書：馬太、馬可、路加和約翰福音。因此，在深入探討耶穌的生平事蹟前，我們必須先認識每本福音書的背景和特色。

4卷福音書都不是耶穌同期的作品，而是在耶穌離世一個世代之後才面世的。在記載耶穌生平的同時，每位福音書作者亦從不同的角度來詮釋耶穌。福音書中的「同中有異，異中有同」情況是新約聖經中最精彩的環節，但亦帶來理解上的挑戰。

第一章

福音書概述

- 寫作背景及原因
- 福音書的信息
- 符類福音問題

英語字Gospel是源自古英語godspel，亦帶有相同的意思。

「福音」或「好消息」一詞恰當地翻譯了希臘語字*euangelion*。在初代教會，最早使用這詞的人是保羅，指耶穌為我們的罪死和復活的信息（林前十五1～7），後來引申指耶穌的生平言行；這種引申用法，正反映他們怎樣理解耶穌基督在世的工作。新約聖經以馬太、馬可、路加及約翰4卷福音書為首，正好代表新約信息的基礎是在於耶穌基督所帶來的好消息。

參《聖經鳥瞰——基礎篇》第二章之「新約歷史書」（頁32～39）對福音書的簡述。

福音只有1個，但表達這福音的書卷卻有4卷。大概在公元2世紀的時候，很多抄卷裏的福音書均在每卷的標題上加上一介詞短語，意即「按……的福音書」和作者（或執筆者）名稱。如此，馬太福音實質是「按馬太記錄（或理解）的福音」。4卷福音書，也就**表達了4種對耶穌的理解和詮釋。**

1.1. 寫作背景

福音書的作者為要把焦點集中在所記載的內容上——即主耶穌身上，均不透露自己的身分；而除了路加福音（一1～4）和約翰福音（二十30～31）外，其他的福音書也沒有交代寫作的對象和目的。因此，在探討福音書的背景，如作者、寫作日期或地點等課題時，我們便只能依賴早期的教會領袖（稱為教父）所提供的資料，而這些意見亦往往成為教會的傳統立場。雖然，提供這些資料的教父們並不是每一位都對相關的課題有深入研究，有些甚至只是人云亦云，且不時反映著所屬地域的傳統，然而，這些見解仍有一定程度的可信性。

1.1.1. 作者問題

本章的開首已略為介紹福音書的標題與其作者的關係。雖然這些標題的起源早於約公元2世紀，但仍屬後人附加之舉。此外，「按……的福音書」這短語可以指「作者」(author)，但亦可指「執筆者」(writer)；**後者是名副其實的執筆的人**，而前者可以是作者或代表該書內容的來源或所屬的學統。因此，儘管有時學者申論某福音書的作者或有別於傳統的立場，亦不一定與早期教會傳統的作者觀相違背。

這情況就如在今天，有些(名)人會聘請某些「執筆者」為代筆人，寫自傳等書籍；書的作者是該名人，但「執筆者」實質是另有其人。中國古籍文獻亦有類似的情況：我們雖説《論語》是孔子的作品，但其實是孔子的學生編寫的。

1.1.2. 寫作日期和處境

一般而言，教父的著作不會刻意討論福音書的寫作日期。所以，對福音書寫作日期的探索，便要依靠內證。然而，福音書的內容既是記載主耶穌的生平言行(那是發生於公元前5～公元29年期間的事)，如果作者不明顯指出其寫作的年期或時段，我們又如何得知作者的寫作日期呢？

我們並不能完全確定福音書的寫作日期，一般認為，4卷福音書是新約聖經書卷中較後期的作品；既是如此，福音書作者在編寫其作品時，主要的對象(或讀者)便不是與耶穌同時代的人，而是與作者身處同一時代的信徒。換言之，正如一般的歷史書一樣，福音書所記載的內容與作者當時身處的年代和處境都不盡相同。

保羅寫哥林多前書的目的，是要指出教會內部的問題和提出糾正的方法，也勸勉教會的信徒在所處的社會中實踐信仰。

在這一點上，福音書是有別於新約其他作品的。以新約另一卷書，**哥林多前書**為例。按一章11節所記，哥林多教會的革來氏家的人探訪保羅(該書的作者)，與他分享教會內的問題。這個造訪導致保羅為教會的問題寫了一封回應的信件(即哥林多前書)。在時間的差距上，從保羅知悉教會情況到發信，前後相差不到幾個月。

但就福音書而言，自主耶穌升天後，使徒教會的第一代信徒均沒有馬上編寫福音書；事實上，福音書的內容與作者撰寫的年代相差約有一個世代(約30～40年)之久。假設馬可福音是第一卷面世的福音書，那麼第一卷福音書與主耶穌基督升天一事相距至少有30年。由此看來，當作者執筆寫其福音書時，教會所面對的問題已經與所記載的事情的處境大大不同。每位作者所記載的，並不是一個純歷史性的耶穌生平，而是要為作者的教會羣體所面對的處境而寫的福音書。這段相隔的日子是相當重要的，因為很多重要的教義和爭論(如保羅對救恩的看法和猶太人割禮等課題)、教會的基本制度等，都是在這段日子慢慢成形的。

1.2. 為何要寫福音書？

初代教會興起要撰寫有關耶穌生平事蹟的念頭，一點也不希奇；奇怪的是，為甚麼要等一個世代之後才寫呢？

要解答這個困惑，也許我們應先捕捉初代教會信徒自耶穌升天以後至第一卷福音書面世這30年間的信仰生活和心態。我們的探索可以從保羅的書信開始，因為他的書信大多數都是寫於福音書成書之前，其中可能包括屬於最早寫成的新約書卷之一，寫於約公元50年代的帖撒羅尼迦前書。這封書信顯示，初期基督徒可能由於記得主耶穌臨離世時向門徒説的話，如「過一會兒，你們就看不見我了；然而，再過一會兒，你們還要看見我。」(約十六16)或「耶穌回答【彼得】：『如果我要他【約翰】活著等到我來，也不關你的事。……』」(約二十一22)，就單純地以為主耶穌基督很快就回來。

既深信主耶穌果真很快(可能只是幾年或十幾年間)就要回來，教會當然沒有想到要把耶穌的言行完整地寫下。然而，在這段所謂「福音書前」的日子裏(包括耶穌還在世的日子)，儘管見證人還在世，但為傳誦、護教、培育或其他目的，個人或羣體還是會把耶穌的一些事蹟和教訓記錄下來，我們稱之為**「單元選段」**(pericope)。單元選段的篇幅不一，有長有短；由於內容均以主題為主，福音書作者在編寫個別福音書時，可按自己的意念編排這些單元。

你在福音書中可有觀察到一些事蹟或教訓是屬於「單元選段」的例子呢？

福音書作者的角色並不單是撰寫，也包括編輯，所以，在學術的著作上，有時學者會以「編寫」一詞來形容正典福音書形成過程中最後成書的階段(如現時的福音書)；這詞只強調他們在福音書成書時所作的工夫，其中並沒有任何貶意。

路加福音一章1至4節可能是最清楚地讓我們略略看到福音書形成過程的經文，當中提到「已經有好些人從事寫作，報導在我們當中所發生的事」(一1)；經文內提及的這些「寫作」並不一定指一些很全面周詳的著作(如《和合本》譯的「書」一詞就帶有這含意)，那可能只包括一些主題性的選段。無論是路加所指的實況，還是他自己「詳細考察」的計劃，都清楚顯示4卷福音書的內容可能是來自不同的資料來源(sources)。隨著教會的發展需要和實務運作，「口傳」的資料都被記錄下來。年復年，教會對於較完備的福音資料的需要愈來愈明顯，福音書亦因此誕生了。

總括來說，你認為福音書對初代教會在信仰和神學理念上有何重要和幫助呢？

誠然，倘若福音書只是歷史綱要或實務手則，也許根本不需要有4卷這麼多。但如果福音書是反映不同作者對耶穌的認信和了解，4卷福音書並存便是合情合理的一件事。換言之，4卷福音書是不同作者對同一個福音事蹟的不同演繹、對同一位耶穌的不同憶述、對同一個信仰的不同理解。事實上，4卷福音書正流露和代表了早期的聖賢4種獨特的神學。4卷福音書的作者，馬太、馬可、路加和約翰，所表述的是自己的信仰、經歷和神學的結晶。因為這4個福音的演繹不單是上帝給世人的信息，同時亦是上帝在他們4人的宗教經驗中向他們宣講的信息。

1.3. 福音書的信息是……

福音書既是以耶穌為中心，就讓我們先來探討福音書怎樣介紹耶穌。4卷福音書的內容均可按耶穌的生平劃分為幾個重要階段：

A. 從出生（不包括施洗約翰的出生）到大約2歲為止（太一18～二23；路一26～56，二1～39；共101節）；

B. 從2歲到12歲（路二40～51；共12節）；

C. 從12歲到30歲（路二52；只有1節）；

D. 從開始傳道（即30歲）到被釘前一週進入耶路撒冷（這顯然佔各福音書絕大部分的篇幅，太三1～二十34；可一1～十52；路三1～十九27；約一19～十二11）；

E. 從進入耶路撒冷後到升天，這段日子可再分為3個段落：

a. 從進入耶路撒冷後到最後晚餐的前夕（太二十一1～二十六16；

可十一1～十四16；路十九28～二十二13；約十二12～50)；

b. 從最後晚餐到十字架上的死(太二十六17～二十七56；可十四17～十五41；路二十二14～二十三49；約十三1～十九37)；

c. 從被埋葬到升天(太二十七57～二十八20；可十五42～十六20；路二十三50～二十四53；約十九38～二十一23)。

從這概括的分段中我們發現，除馬可和約翰福音對耶穌30歲前的事蹟(即A～C)全無記錄外，4卷福音書內容編排的次序大致相同(參D～E)，均先指出施洗約翰對主耶穌的見證，然後才開始記述耶穌的傳道生活，最後是耶穌進入耶路撒冷後一週的詳記，包括最後晚餐、受死、埋葬和復活等情節。

仔細對照4卷福音書，我們就會發現在D階段，約翰福音的記載與另外3卷福音書明顯有別。其中最突出的是，約翰福音清楚展示耶穌「3年半」的傳道時期，而其他福音書則往往給人一個印象，以為耶穌只傳道1年，就被釘十字架了。

1.3.1. 非「耶穌傳」的耶穌生平

總括來說，縱使我們把4卷福音書的內容並觀對照，我們仍會發現有許多耶穌生平事蹟的資料(尤其是B～C階段)付諸闕如，若以一般傳記文學的角度來衡量，**四福音可謂是相當失敗的傳記**，因為它們對耶穌生平的各階段，並沒有均衡完整的交代。然而，這種情況並不是因為作者們缺乏這方面的史料；我們很難想像，當時完全沒有人追溯並記錄耶穌的成長過程，諸如家庭生活或學

大多數次經福音書(特別是記述耶穌嬰童時期的次經福音書)則與正典福音書相反，它們著重記載很多耶穌的生平逸事，偏向從人物傳記的角度來記載一些事蹟。

習生活等事蹟。

因此，我們的結論是：福音書作者並非對耶穌生平中的每一件事都感興趣。即或對耶穌作為一個「凡人」的基本資料，諸如他的年齡(只有路加福音才有較為明確的記載，如三23)、身材(當然比撒該高！)、相貌、喜好(或許可參路二49)，甚至性情(耶穌大概不太喜歡人家吵醒他的好夢，參太八23～27及平行經文)等等資料，四福音的作者均顯得異常沉默。

福音書之有別於一般傳記的取材原則，正反映作者並非旨在寫一本傳記式的「耶穌生平史」。故此，他們省略許多生平逸事，只記載那些與當時教會生活、信仰內容直接相關的言行和教訓，這可謂是4卷福音書作者共通的取材原則。

1.3.2. 十字架的福音書

福音書既以耶穌的受難和復活為核心，這對你的信仰生活有何意義？與聖誕節相比，你認為今天的教會和信徒對復活節有多重視呢？

從以上的內容分佈，福音書的焦點已是昭然若揭。主耶穌在世上渡過了33個年頭，但4卷福音書的作者合共只花了百多節經文來記載他前30年的事蹟(即A～C)。而他們對主耶穌在世上最後一星期的描寫卻極為詳盡(即E，馬太福音有8章經文、馬可福音有逾三分之一的篇幅、路加福音有四分之一篇幅、約翰福音有一半篇幅)。特別是從最後晚餐到死在十字架上這不到12小時的實錄(即E的b部分)，所佔篇幅更是遠遠超過其他任何時段，可見這明顯是4卷福音書共同的焦點和高潮。換言之，受難節和復活節遠較聖誕節為重要(參本書第三章)!

事實上，從信仰和神學的角度來看，主耶穌被釘十字架是他到世上的目的，亦是基督信仰和整個福音的核心。因此，4卷福音書的作者，除了記載有關主耶穌的事蹟和言論外，更透過這些言行的摘錄，表達出他們對這位主耶穌的詮釋，而他們詮釋的重點都在於基督的救贖工作。在這方面，我們發現福音書與保羅書信有著相同的寫作目的，就是要突出耶穌基督的十字架和復活；這是可理解的，因為保羅首先用「福音」一詞時，是指耶穌受難和復活的事情。曾經有位**德國神學家**形容新約聖經中的福音書為「配上詳盡引言的受難敘述」(passion narratives with extended introductions)，這確實非常貼切。

馬丁·凱勒(Martin Kähler, 1835~1912)

正典福音書的特色很快得到初代教會的認同，亦成為新約正典的規範，而這有助解釋何以其他一些以「福音」這詞命名的書卷，最終因未得到人們認可而被排斥於新約正典之外的原因。這些所謂「次經福音」(apocryphal gospels)中，以《多馬福音》(*Gospel of Thomas*)尤為著名。這純是一部耶穌言訓的語錄(共114節)，完全沒有耶穌受難故事的框架，內容與公元2至3世紀的**諾斯底主義**(Gnosticism；這字源自希臘語字*gnosis*，意即「知識」)有密切的關係。像這一類的文獻對研究基督生平有一定的貢獻，但斷不能與正典福音書混為一談。

諾斯底派是指公元2世紀基督教中非主流教派(也可說是異端)的一個統稱。其信念強調透過只為受啟蒙認知的奧祕知識(或稱「靈知」)，脫離肉體的牽制而進入一種純屬靈的生命。這派系混雜了很多基督教和當時盛行的神祕主義的思想。

1.4. 符類福音問題

4卷福音書現時的排列次序，主要基於兩個並存的原則：一是按其連貫性，因為馬太福音有很濃厚的猶太味道，能起承上接下的作用，故排列於四福音之首；二是按4卷福音書內容上的相似程度而排列。鑒於馬太、馬可和路加福音在內容上有很多相似的地方(並與約翰福音有很明顯的差別)，我們稱這開頭3卷福音書為「符類福音」或「對觀福音」(英語為 Synoptic Gospels)；這名稱源自希臘語字*synopsis*，其意思是「一起觀察」，意即讀者可將這3卷福音書並排一起，加以觀察和研讀。相比之下，約翰福音則顯得頗為不同；對於其他福音書已交代的資料，這書多數沒有重複記載，即使再有記載，亦往往有重點上的差異。約翰對事件的重要性作較深入的思考，故其描述亦帶有較多的反省。

符類福音在寫作上有相同的出發點和角度並不足為怪，問題是：這3卷福音書相似之處不單在基本架構上，更在敘事次序和描述同一事件所使用的字眼上，這現象不能單以「巧合」來解釋。以下是一些選段的例子，有些事件只載錄於其中兩卷福音書中：

	馬太	馬可	路加
約翰傳悔改的道	3.7～10		3.7～9
耶穌呼召眾門徒	4.18～22	1.16～20	5.1～11
耶穌潔淨長大痲瘋的人	8.1～4	1.40～45	5.12～14
耶穌治癒癱子	9.1～8	2.1～12	5.17～26
關於論斷人	7.1～5	4.24～25	6.37～42
耶穌為耶路撒冷哀哭	23.37～39		13.34～35

1.4.1. 既是相同又有矛盾

仔細比較3卷福音書的內容，馬太福音和路加福音的資料，已經包含絕大部分馬可福音的內容。按一般的統計，馬可福音(在現時最通行的希臘語新約聖經版本約佔1500行）中百分之九一一的內容可以在馬太福音（約佔2400行）找到，而馬可福音百分之五十三的內容可在路加福音（約佔2600行）找到。

也許相同之處並不構成甚麼問題，然而，**符類福音中對同一事件的記述亦多有出入**，甚至是矛盾、衝突的地方。例如，耶穌受試探一事主要關乎耶穌與魔鬼的3次對話：「石頭變麵包」、「從殿頂跳下去」和「跪下來拜魔鬼」，這是馬太福音的次序，但路加福音卻將第二和第三次對話的次序倒轉；又如葉魯見耶穌的時候，他的女兒是「病重垂危」（可五23；路八42），還是「剛死了」（太九18）呢？

讀者翻閱黃錫木編著的《四福音合參》，就可對這些符類經文有一總覽。

此外，對同一事件發生的時間，不同的福音書透過其敍事次序也有不同的暗示，例如，按馬可福音六章1至6節和馬太福音十三章53至58節的記載，「拿撒勒人厭棄耶穌」這事是發生於3年傳道生活的中期，但按路加福音四章16至30節，這事卻是發生於耶穌傳道生活的早期。再看耶穌出生這事件，馬太福音和路加福音同樣記載這事件，但兩個記錄的角度卻完全不同。當然，最能反映這3卷福音書的特色就是它們各自獨有的資料了。

1.4.2. 解決方法

這3卷福音書，既在相同的事件上有非常近似的載錄，但同時又有不少獨特的記載和資料，我們便會問：三者的關係如何？這便構成所謂「**符類福音的問題**」。這問題極之複雜，不能在這裏詳細討論。

有興趣的讀者可參閱黃錫木著的《新約研究透視》。更深入和學術性的討論，則參閱《福音書總論與馬可福音導論》。

簡單來說，福音書作者編寫各福音書時都有使用當時已經面世的材料。研究符類福音的學者指出，馬可福音可能是最先寫成的，而當馬太和路加準備寫各自的福音書時，兩者同時參閱馬可福音，甚至以此書的敍述為藍本；這稱為「馬可為先」論說。但因為馬太和路加均要編寫一本較為詳盡的福音書，在採納馬可福音時，各自縮短馬可福音在某些選段的篇幅，以便載入更多其他的資料。至於馬太福音和路加福音其餘所共有而不見於馬可福音的經文，我們並沒有現存的文獻可視作其藍本，因此，學者便起了一名號，稱之為**「Q來源」**。另外，還有一些個別獨家的資料，這些獨家資料可能只是早期流傳下來的選段或「口傳」資料，或只是見證人的說話。

「Q」是德文Quelle的簡寫，意即「來源」。由於對符類福音現象的解釋是先由德國學者提出，所以很多術語都是來自德語的。

無論如何，這種種的來源對福音書作者來說，都是非常重要的。在編寫的過程中，各福音書作者均按手上所有的資料，進行鑒別，從而編寫自己的福音書。至於實際的情況，大概沒有人能給予一個肯定的答案，然而，我們深信，這一切活動都是在上帝的帶領和保守當中，因此我們仍然相信，福音書所呈現的資料是非常可靠的。

福音書作者的編寫與上帝的默示

本章對福音書背景和形成的討論，都是聖經研究學者的共識，但對於平信徒來說，他們可能會問：「那麼，福音書作者還是受聖靈所默示的嗎？」答案當然是「肯定」的。

聖經是上帝的默示是明確的聖經教導（參提後三16），但透過甚麼途徑來默示，聖經卻沒有說清楚；因此，這就視乎個別人士對上帝作為的期望和理解。換言之，這是個人的神學問題。

有認為上帝默示福音書作者時，是把每一隻字都一一告訴他。這當然是有可能的，但這卻難以解釋路加在路加福音一章1至4節所指，他是做過很多資料搜集（簡單來說，就是研究）才完成其福音書的編寫工作，而其中更可能參考過馬可福音和其他資料。按這段經文所顯示，我們可以說，作者路加不是路加福音每一隻字的原撰者（因為有不少是來自其他資料），整卷福音書都是經過他深思熟慮編寫的結果，而我們相信：整個運作都是在上帝的默示中進行的。

聖經學者透過仔細比較不同福音書（特別符類福音）的內容、用詞等環節，又研究初代教會成形與新約書卷成書的關係，認為福音書作者——不單是路加，還有其他——都是這樣編寫各自的福音書的。這種解釋當然不是百分百肯定和絕對的，但卻是暫時最能解釋各方面的難題的理論；這種解釋方法也使我們的神學和對聖經的理解，能穩妥地立足在科學研究之基礎上，亦能較客觀地讓我們與教外人討論。

溫習問題

1. 「福音」這個詞有何意義？「按……的福音書」這介詞短語帶著甚麼意思？
2. 4卷福音書既沒有提供作者、寫作日期等資料，我們又如何知道某卷福音書的這些資料呢？
3. 與其他新約書信相比，福音書所記述的內容和其寫作時期有何特別之處？
4. 現時4卷福音書的排列次序有何意義呢？
5. 為何當時的信徒要將耶穌事蹟由「口傳」改為「記錄」下來？兩者有何分別？
6. 從四福音內容的分佈，你認為福音書的中心信息是甚麼呢？你認為這個共通重點如何影響作者對資料作出篩選呢？為何次經福音不被接納為正典？
7. 為何會有「符類福音問題」的出現？
8. 你認為可不可以把3卷符類福音書用協調方法編寫成另一卷福音書，取代這3卷呢？試指出正反兩面的好壞。
9. 聖經學者如何處理4卷福音書寫作來源的問題？
10. 你對上帝默示這教導有何理解？

第二章

四福音簡介

- 作者介紹
- 寫作對象和特色
- 整體信息
- 大綱和主題

在閱讀任何一本書以先，認識該書的寫作背景（例如作者、寫作日期和讀者）是重要的，因為這些資料對了解該書的整體信息都是有幫助的。在探討福音書中的耶穌生平事蹟之先，我們先來了解每一卷福音書的寫作背景和資料。另一方面，正如第一章所言，福音書作者的名稱是公元2世紀之後教會傳統的註解。但基於教會的傳統（外證）和福音書本身的資料（內證）的佐證，儘管我們不能完全確定福音書的作者身分等背景問題，我們對以下所提供的資料仍有相當的把握。

2.1. 馬太福音

一般學者認為，這本講論集是另一份文獻，亦可能是馬太編寫這福音書時取材的來源之一。

根據初期教會的傳統（希拉波立的監督帕皮厄斯；Papias of Hierapolis，公元60～130年），馬太福音是由耶穌的跟從者馬太收集**「以希伯來語言寫成的講論」**。隨後的教父，例如愛任紐（Irenaeus of Lyons，活躍於公元175～195年）、俄利根（Origen，公元185～254年）、優西比烏（Eusebius，公元265～340年），都表達類似的觀點。

或許早期傳統可以疏導我們某些探索，但這講法其實對我們了解馬太福音的背景，並沒有太大的幫助。首先，我們現有的福音書只有希臘語抄本，並不是教父們所說的「希伯來語文」或「亞蘭語文」的抄本。其次，現時希臘語抄本中也找不到任何從其他文字翻譯而成的痕跡。此外，馬太福音雖以講論的特色見稱，但書裏的敍述部分也有相當的分量。很明顯，教父的傳統對我們的探索有所提示，但卻不能為馬太的背景及其相關問題，提供完整的答案。

2.1.1. 作者介紹

以上的討論，顯示福音書的背景問題——至少就馬太福音而言——實在遠比我們想像的複雜。説馬太福音的作者是馬太固然是一個簡單的講法。正如上一章所説的，福音書作者只著意彰顯耶穌基督，並不介意隱藏自己的身分。要探索作者的背景，似乎應該從福音書本身著手。

猶太色彩濃厚是馬太福音最大的特色。具體的説，在馬太福音的敍事中，猶太人的律法傳統、舊約經書的詮釋和應驗、猶太人的救恩歷史，這3方面與耶穌的身分和職事緊緊相扣。從馬太福音引用舊約經文和熟悉律法傳統的特點看來，馬太福音的作者顯然是一個熟習猶太律法和傳統的人。在這共識之上，傳統看法認為，作者就是收稅的馬太（十3），但如今亦有**不少人相信**，馬太福音作者是公元約1世紀末長期居住在安提阿城、精通希臘語，且受過一定拉比教育的信徒。按此，馬太福音的作者在編寫時，除了採用馬可福音外，還採用了收稅的馬太所提供的資料。

主要是因為：馬可福音面世（約公元65～70年）一段日子後才被馬太福音作者所採用，馬太福音成書則相當晚（約於公元85～90年）；當時馬太是否依然在生實在是一個疑問。

2.1.2. 寫作對象和特色

如果馬太福音的特色是猶太信仰傳統，其寫作的對象若不是猶太人，至少也是對猶太信仰有認識、或深受其影響的外邦信徒。

馬太福音的猶太特色，首見於福音書開始的家譜。從亞伯拉罕至大衛、再經所羅巴伯至耶穌，其中以希伯來文的數字**「七」**及其倍數來構成家譜，無論是結構還是人物，

在猶太的宗教文化裏，「七」這數字有時表達一種「完滿」的意思；這種含意也見於中國的古代小説中。

都是猶太人耳熟能詳的代表和盼望。當然，我們還不能忽略全書不時以「這正應驗了聖經上所說的」，為耶穌的際遇和身分作註解。相對於馬可福音，馬太福音收錄了大量耶穌的講論。如果馬可福音裏的耶穌是一位行動的主，那麼馬太福音裏的耶穌，除了行動以外，他的教導也是同樣重要的。如果我們沒有忘記教父們對馬太福音的傳統觀點，應該不會訝異於馬太福音的特色是其講論資料。

在馬太福音中的耶穌家譜包含了：塔瑪、喇合、路得與烏利亞的妻子這4位在道德與倫理上都值得質疑的女性，似乎在提醒世人：上帝成就其應許的方式將會超乎人意料之外。

從馬太福音的特色看來，無論是講論的內容還是有關耶穌職事的敍述，都是與猶太人信仰相連繫的。如果馬可福音是寫予羅馬的外邦信徒的話，馬太福音便是為糾纏於猶太律法的讀者／教會而寫。我們難以從福音書的內容判斷馬太的寫作背景和確實地點，但福音書的氣氛讓我們體會，它的讀者必然是生活在猶太文化氣息濃厚和具影響力的處境中。初代基督教會信徒多以猶太人為主，但這情況到公元1世紀後期卻有所改變。馬太福音主要針對兩個讀者羣：對猶太人(猶太教讀者)而言，馬太宣稱耶穌就是基督(或彌賽亞)，是聖經中先知所預言的那位將要到來者；對於猶太與外邦基督徒而言，馬太則指出上帝的律法與應許已經臨到列邦。「耶穌就是基督」成為本卷福音書中最為首要與急迫的信息。

無論從哪一方來看，馬太福音的讀者正在兩個問題上掙扎：猶太律法是否仍然適切基督信仰，猶太信仰的歷史和傳統對基督信仰又有甚麼意義。

2.1.3. 整體信息

既明瞭馬太福音的特色，其信息也就呼之欲出了。馬太福音表達的，就是耶穌是希伯來人信仰所指涉、等候和盼望的彌賽亞。耶穌基督的家譜，固然說明了他的出身與希伯來民族和她的信仰精髓分不開；他也是成就上帝在人類歷史裏工作的高峯**(以馬內利)**的君王和神子。

「以馬內利」的意思就是「上帝與我們同在」(太一23)。

他的教導超越了猶太人所尊崇的領袖摩西。無論猶太人如何以摩西所傳的律法為傲，馬太福音裏的耶穌卻明言：「你們聽說過，古人曾被禁戒……但是我告訴你們……」(五21～22)換言之，耶穌才是詮釋律法的終極鑰匙。然而，無論是古是今，如果讀者以為馬太福音裏的耶穌要否定猶太信仰傳統和律法的話，便誤解了馬太的信息。在馬太福音裏，耶穌清楚地說：「……我不是來廢除，而是來成全它們的真義。」(五17～18)因此，耶穌並不是要否定律法，而是要糾正當時猶太人對律法精髓的扭曲和捨本逐末的律法主義，亦要把猶太人對律法的觀念進行擴充和深化，使之成為上帝為普天下人所定之律法。耶穌指出，律法的精髓無非是體驗上帝對人的愛和要求，從而開展一個屬上帝國度的生命。馬太福音全書的信息，就指出耶穌是彰顯上帝的愛子，他是開啟律法的鑰匙，是整本舊約聖經最後的歸宿。換言之，研讀和實踐律法的人，必須通過耶穌的講論和職事，才能真正明白上帝的心意。

馬太福音絕對不是反對律法，也不是輕視實踐律法的書卷。它所挑戰的，是扭曲了的律法觀。事實上，馬太福音極其重視**信仰的實踐**。這並不是靠行為稱義的問題，更與保羅的教導沒有衝突。馬太福音沒有記載任何經文教導讀者可以靠行為得救，但耶穌在馬太福音裏強調，一個有信仰的人，其生活表現必須與合乎天父旨意的生活表現相稱。「不是每一個稱呼我『主啊！主啊』的人都能進天國；只有實行我天父

對這方面的關注，馬太福音與新約的另一卷書雅各書是相近的。

旨意的才能進去。」(七21)

雖然馬太福音的對象和特色均有強烈的猶太色彩，但福音書的信息本身並不限於猶太人。誠然，耶穌從猶太民族和文化而出；追溯上帝的工作，進而了解耶穌的身分和職事，猶太信仰是至好的起步點。但上帝的工作並不囿於猶太民族。上帝國度通過耶穌的生命和服事開展，但並不是取決於猶太民族的接納和拒絕，而是在於耶穌基督所建立的信仰羣體。所以，縱使馬太福音的開始(家譜)和特色是猶太化的，但它的視野和遠象卻是普世性的：「所以，你們要去，使萬國萬民都作我的門徒……」(二十八19)

2.1.4. 大綱

此結構由學者京士培利(J. D. Kingsbury)提出。

馬太福音鋪敘了耶穌的身分和職事，以此主題為經緯，全卷福音書可以整理如下：

A. 彌賽亞耶穌的身分(一1～四16)

B. 彌賽亞耶穌的宣講(四17～十六20)

C. 彌賽亞耶穌的受苦、受死和復活(十六21～二十八20)

若干主題：

- *耶穌是有著上帝之權能的彌賽亞，他成就了先知們的預言*
- *耶穌開創了上帝之國*

此外，在內容鋪排方面，馬太福音似乎刻意把耶穌的言論集中在5個段落：登山寶訓(五1～七29)、給門徒的指示(十1～42)、有關天國的比喻(十三1～52)、門徒應如何彼此相待(十八1～35)和將來的日子(二十四1～二十五46)；有認為，作者有意將耶穌的5段言論與摩西五經作一個比對，藉此將耶穌與猶太人的偉大領袖摩西相提並論。

溫習問題

1. 馬太福音的作者和讀者是誰？
2. 試簡單介紹馬太福音的猶太特色。這特色如何反映這卷福音書的原來讀者羣？
3. 倘若有人以為馬太福音作者是要刻意把耶穌塑造為一個與當時猶太教抗衡的領袖，你會如何回應他呢？事實上作者描繪的耶穌是一個怎麼樣的領袖？
4. 馬太福音對耶穌言論的鋪排有何特別？

2.2. 馬可福音

早於2世紀初葉，已有教父指出馬可福音的作者稱為「馬可」，而小亞細亞的希拉波立的監督帕皮厄斯的一番話就常被引用：「馬可成為彼得的翻譯者，把他對基督言行的記憶通通寫下來，雖然並不順著次序，卻是準確的。」相隔數十年後，里昂主教愛任紐也提及馬可與彼得之間的關係。這一點，我們亦可以從書中找到證據，因為馬可福音傾向於注重彼得的言行（八29～33，九4～7，十28～31，十四29～31、66～72）。但這並非說，馬可不是此書的作者，或只是彼得的代筆人；若彼得確有撰寫這書，這書必定是以彼得的名字流傳下來。

愛任紐更指出馬可是在彼得去世後，在羅馬寫下他的福音書。若是屬實，本書屬於公元65至70年間的作品，因彼得約在公元64至65年間殉道，而傳統解經家相信馬可福音十三章3至37節是預言耶路撒冷城被毀（公元70年）。

原因是馬太福音幾乎涵蓋了馬可福音的所有內容。

馬可福音可能是最早出現的福音書，然而，馬可福音並非如馬太福音與路加福音一樣在教會中被廣泛引用。直至約150年前，仍有人認為馬可福音是**馬太福音的撮寫**。今天，大多數學者認為，馬太福音和路加福音大有可能是使用了馬可福音的資料寫成的。

2.2.1. 作者介紹

我們幾乎可以肯定，這位馬可就是使徒行傳十二章25節所提到的「約翰‧馬可」。雖然他可能不算得是耶穌的門徒，但他的家庭卻與初代教會關係密切，而家境亦相當富裕。他是住在耶路撒冷的猶太人。他母親馬利亞(徒十二12)擁有一所**頗大的房子**，而早期教父指出，這房子就是耶穌和門徒享用最後晚餐的地點(路二十二12)。

五旬節期間，這房子亦供使徒聚會(徒十二12)，所以他的家可能是耶路撒冷教會起初聚會的地方。

他的名字「約翰」(亞蘭文)是很常用的猶太人名字，大概是他的真名，而「馬可」(拉丁語字：*Marcus*)則是很普遍的羅馬人名字；當時很多猶太人都有兩個名字。馬可的表兄巴拿巴(西四10)，是初代教會領袖之一，也是保羅的同伴。在保羅和巴拿巴第一次宣教旅程中，馬可也曾與他倆同行，但由於他的**立場較為保守**，因此，出發後不久便離隊返回耶路撒冷(徒十三13)。在後期，馬可有一段時間跟隨使徒彼得。天使救彼得脱離監禁時，彼得直接去到約翰・馬可的母親馬利亞家裏(徒十二12)。彼得在其前書中，也提及其兒子馬可與他同在巴比倫(這「巴比倫」其實是羅馬的代號；彼前五13)。

詳細討論，可參本叢書之《風起雲湧的初代教會——使徒行傳析讀》(張達民和黃錫木合著)，8.1和9.2兩節。

2.2.2. 寫作對象和特色

馬可福音的幾個特點表明，它是為羅馬的外邦信徒所寫的。馬可細緻地解釋了猶太人的風俗習慣(七3～4，十四12，十五42)，並將亞蘭語的表述轉換成希臘語(三17，五41，七11、34，十五22、34)，又使用不少拉丁術語和量值(五9，六27、48，十二15、42，十三35，十五16、39)，還記錄了十字架前一個羅馬軍官信仰的陳述(可十五39)。

馬可似乎要給羅馬的信徒寫一本「耶穌生平概述」，藉著扼要敘述耶穌的生平事蹟，再現耶穌作為救世主的形象，為教會提供一個

作者以「連續不斷的敘述」帶出奔波緊湊的氣氛（留意經文多次用「立刻」等字眼）。

基督徒生活和事奉的動態模式。在整個敘述中，耶穌不斷從一地方轉換到另一地方，藉著神蹟奇事強化他的教訓。馬可記載的耶穌言訓大多使用了比喻的形式，但馬可似乎更重視**耶穌的行動**。

作者當然也希望藉此鼓勵一些受到外界強烈反對的信徒。馬可寫這福音書時，正值羅馬的基督徒大受當時羅馬皇帝尼祿(Nero)的逼迫。許多基督徒遭到迫害，有的甚至為信仰被殺。馬可福音可能就是為了要鼓勵這羣羅馬信徒而寫的，因此，書中描述了耶穌面對持續不斷的反對、毅然決定完成自己上十字架的使命時，所經受的種種痛苦。

馬可福音最後部分是耶穌復活的故事，但故事的結尾則未能確定。根據最可靠的抄本，故事的結尾是婦女們恐懼戰驚地離開空墳墓，沒有將情況告訴任何人（十六1～8）。馬可戛然而止的結束可能是作者刻意的部署和修辭手法。當然，也有學者認為馬可福音的最後幾頁，在寫成後不久就丟失了。而現時馬可的結尾（十六9～20）是後來教會為了使作品有完整的結束而加上去的。

2.2.3. 整體信息

在信息方面，馬可福音開宗明義指出該福音書的目的：「上帝的兒子，耶穌基督的福音是這樣開始的。」（一1）這裏的意思大概是：

「要談論（或介紹）上帝的兒子，耶穌基督所傳的福音，我是如此開始記述的。」

一1、11，三11，五7，九7，十三32，十四61，十五39

全卷福音書旨在介紹耶穌基督作為「神子」的身分。雖然「上帝的兒子」這稱謂在本福音書只出現**8次**，而多次出現都帶出宣認性的含意，這名稱卻表明耶穌與上帝有獨特的關係，是上帝獨一的兒子，有著上帝的能力與權柄。這宣認不單來自上帝，也是作者個人所見證的，甚至外邦人(羅馬軍官)因看見耶穌在十字架所作的事，也不期然給他這稱號，見證他為**上帝的兒子**。

例如：在書首，作者介紹耶穌為「上帝的兒子」(一1)；在耶穌受洗時，有天上來的聲音說「你是我親愛的兒子」(一11)；在山上改變形像，雲裏來的聲音「這是我親愛的兒子」(九7)，以及在書末羅馬軍官的宣認「這個人真是上帝的兒子」(十五39)。

與「上帝的兒子」這稱謂相似的是「人子」。「人子」這稱謂特別之處，是它主要出現在4卷福音書裏，且只是主耶穌用來自稱的名號(參二10，十33，十四41)；這可能反映福音書作者刻意保留這自稱為耶穌所獨有。換言之，這稱謂可能是耶穌所用的字眼。耶穌以這名號自稱，顯然是借用但以理書七章13節人子從天降下的意象，並結合以賽亞書五十三章「受苦僕人」的形象。主耶穌在世上作了全人類的典範，他並非以軍事家或革命家的身分出現，而是徹底成為一個受苦的僕人，並且甘願為人類受苦至死，去完成這救贖的使命。

正因這緣故，耶穌經常阻止別人揭露他這「上帝的兒子」身分，無論是被趕走的鬼魔(一34，三12)、被醫治的人(一44，五43，七36，八26)或是那些確認耶穌身分的門徒(八30，九9)，因為當時的人對彌賽亞的錯誤期望，是耶穌所要避免的。他來的目的，不是要拯救猶太人脫離羅馬帝國的統治，而是要救贖世人脫離罪的捆綁、撒但的統治。為此，他向人示範了一條卑微受苦而順服的路，要人體悟、跟隨而得生命。

關於這個「新」彌賽亞身分的揭露，發生在凱撒利亞腓立比(Caesarea Philippi)的事件是馬可福音的高潮：彼得起先恭稱耶穌為「基督」，但當耶穌向彼得解釋自己作為彌賽亞所要經歷之事——就是「人子必須遭受許多苦難，被……棄絕，被殺害」——時，彼得因對耶穌所言提出異議而被斥責為「撒但」(八22～33)。

2.2.4. 大綱

若干主題：
- *耶穌基督本身就是福音*
- *耶穌教導與醫治的權柄皆來自於上帝*
- *苦難與門徒的職分*

A. 引言：施洗約翰、耶穌受洗與試探(一1～13)

B. 加利利的傳道日子(一14～十52)

  a. 耶穌於加利利和附近地方的工作(一14～九50)

  b. 耶穌於猶太地的工作和上耶路撒冷的旅程(十章)

C. 走向十字架的傳道日子(十一～十六章)

  a. 耶穌於耶路撒冷的工作及往伯大尼之旅(十一～十三章)

  b. 耶穌受審與受死(十四～十五章)

  c. 耶穌的復活(十六章)

溫習問題

1. 你對作者馬可認識有多少？試簡述他的生平。按早期教父所提供的資料，作者馬可的資料源自誰人？
2. 馬可福音的寫作對象是怎樣的羣體？
3. 馬可福音的信息內容重點是甚麼？若與馬太福音相比，有何不同之處？
4. 試簡述「上帝的兒子」和「人子」兩個術語的意思。
5. 何以耶穌多次阻止人透露他是「上帝的兒子」的身分？

2.3. 路加福音

早於2世紀初期，教會已將路加福音與其他3卷福音書相提並論。愛任紐曾經指出路加福音是保羅的同伴、敘利亞省安提阿(Antioch of Syria)人路加所撰寫的。較後期的傳統(俄利根)更進一步說，路加的作品是為外邦人所寫的。按學者推測，這書的成書日期應在公元80年左右。雖然路加福音與馬太和馬可福音書，同樣沒有披露作者自己的身分，但路加福音的引言卻清楚指出作品的對象——提阿非羅。這個希臘化的名稱和福音書裏著重外邦人的內容，似乎頗能印證教父們的說法。

如果我們將前3卷福音書作粗略的勾畫，馬可福音可以說是為鼓勵在羅馬面對逼迫的基督徒而寫，馬太福音是為在猶太信仰傳統中掙扎的基督徒而作，而路加福音就是為外邦人而寫的福音書。固然，路加作品裏語文的遣辭造句確具希臘羅馬的色彩，明顯與其他福音書有別。尤有甚者，路加福音裏的敍事，觸及層面和角度之闊和廣，都使這卷福音書添上獨特和豐富的色彩，這些元素突出了路加福音中普世和寬廣的福音關注。

2.3.1. 作者介紹

除了教父文獻，保羅書信亦清楚指出，路加是保羅的同伴。從提摩太後書四章11節所見，路加是保羅在極孤困處境中的同伴，而保羅在兩卷書中，即歌羅西書四章14節和腓利門書24節，都有提及路加，前者甚至說明路加的醫生身分。雖然路加福音的內容並沒有清楚表露作者是誰，但與路加福音相連的使徒行傳，卻披露了這**兩卷**

書是出自同一個作者。此外，使徒行傳更提及路加亦有參與保羅的宣教旅程：「保羅一有了這個異象，我們立刻準備往馬其頓去，因為我們知道上帝呼召我們去傳福音給當地的人。」(徒十六10)——文中的「我們」就是指路加和保羅等人。除以上的資料，我們還可以因為作品的語文水平，知道路加的文藝創作水準非常高。

使徒行傳一章1節「提阿非羅閣下：在我所寫的第一部書裏，我已經把耶穌的一切事蹟和教導，從他開始工作……」文中的「第一部書」是指路加福音。

與其他福音書作者一樣，路加寫作並不旨在表露自己。對他和所有福音書作者來說，書寫福音書惟一的中心是耶穌基督。讀者是否掌握或認識作者的身分並不要緊，最重要的是他們能否認識耶穌基督。正如路加自己所說，寫作目的是要讀者(提阿非羅)「知道你所學的道是正確的」(路一1～4)。

2.3.2. 寫作對象和特色

路加福音的引言，無疑交代了寫作的對象，就是「提阿非羅大人」(《和合本》)。這名稱可能表示是確有其人，不過，也可能是一個**代號**，泛指那些尋求和敬畏上帝的外邦人，亦可能代表羅馬社會裏較上層的人士。換言之，路加寫作的對象不僅僅是某個人，而是範圍頗廣的讀者羣。如果我們將「大人」理解為尊貴身分，也可推測路加有意以此福音書，向具影響力的外邦人陳明基督信仰的本質。

「提阿非羅」(Theophilus)這字原來希臘語的意思是「上帝的朋友」，或「上帝所愛者」。

上述的幾個可能性其實並不互斥。無論是哪一個對象，都印證了路加福音並不囿於猶太文化的特色。然而，我們必須清楚，路加絲毫沒有撇棄猶太信仰的傳統和基礎。縱使路加福音是為外邦人而寫的，**這些外邦人都是對猶太信**

初代教會中有很多外邦信徒，本來就已經歸信猶太信仰的。事實上，在新約時代，猶太教在一些道德情操較高尚的羅馬人中是相當受歡迎的。

仰有所認識的。從路加福音的開始到末了，舊約經文的傳統和影子，一直都在承托福音敍述的發展。路加福音裏許多的敍事，都有猶太信仰傳統的影子。伊利莎白老來產子原是猶太信仰裏從不陌生的佳話，施洗約翰和耶穌的工作，與舊約裏先知以利沙、以利亞的工作互相輝映，而耶穌與外邦人甚至社會邊緣人士的接觸，亦不乏舊約傳統的影子。所以，當我們說路加是寫給外邦人的時候，切勿以為他的讀者對舊約的信仰一無所知。誠然，路加沒有像馬太般用明顯的經文互證來說明耶穌的身分，但路加的縷述絕對是建基於舊約傳統的，只是他以另一種迂迴卻親和的手法，演繹和鋪陳同樣的信息。

路加敍述耶穌的手法，順理成章地突出了耶穌的人性面。路加並不以經文證明耶穌的身分和職事，卻以耶穌的生命、與人接觸的片段和所講的故事（比喻），帶出上帝通過耶穌的生命向世界啟迪的福音和愛。是故，路加福音的對象是廣闊的，因為他的關注和表達是寬廣的（參三23～38的家譜，見下文的討論）。

路加福音的特色是現實主義，上帝的兒子真真實實地在人的歷史裏工作和生活。耶穌基督所歷經的片段，都是人可以緬懷、回憶、經驗和認同的。路加更填補了耶穌自出生至公開職事之間空缺的記敍（二41～52）。他又總是不厭其煩地為讀者提供時空的資料，那一年、那一個王等等（一5，二1～2，三1～2）。所以說，路加比任何一個福音書的作者更重視歷史時空的參照。不過，與其說路加在寫歷史，倒不如說路加為平凡的歷史提供了一個新的向導和觀察點。路加要他的讀者知道，歷史不是由貴冑和有權柄的人所寫的；歷史是由上帝和遵行祂旨意的人寫的。糾纏於歷史年分的精確，而不能看見路加在年分背後敍事的洞見和亮光，委實是只見樹木而不見森林。

2.3.3. 整體信息

路加福音是向外邦宣揚上帝的福音，但福音是源於上帝在猶太信仰傳統中的啟示的。所以，路加福音的其中一個信息，就是猶太人與外邦人的關係。這個信息在路加福音的家譜就顯得明白非常。馬太福音的家譜自猶太人的先祖亞伯拉罕，一直繁衍至耶穌，其中的人物和結構都相當具有猶太民族的色彩。但路加福音的家譜卻超越了猶太人的宗族，以耶穌作開始追溯至人類的始祖亞當——上帝的兒子。路加記載的家譜並沒有否定猶太民族，不過，路加將救恩的族譜從民族的限制中突破出來，回歸至其根源而已(舊約創世記的亞當)。另一方面，歷史開展的方向是以耶穌為基礎的(路十六16)。如果說馬太提出耶穌是詮釋律法的鑰匙，路加則從另一個角度，指出耶穌是**「救恩歷史」**的立足點。

「救恩歷史」這名稱特別指從基督教信仰的角度來看人類歷史，認為某連串歷史事件是上帝所主導而發生在人間的，目的是要拯救人類。由於聖經所展示的歷史都以上帝的拯救為中心，救恩歷史很大程度上也就是聖經中所展示的歷史。

路加的這個論點，實在也表達了另一個重要的信息。日漸發展的教會，對於猶太人和外邦人而言，都是一個有待澄清的困惑。路加的梳理，說明耶穌基督的跟從者所開展的運動(教會)，實在是上帝計劃的一部分。正是這個原因，路加必須寫使徒行傳：上帝整個救恩計劃的中心是耶穌的一生，在他死後，教會就承擔起耶穌的使命。

路加福音除了強調耶穌的人性(四16～24，六1～5，七36，二十17～18)，也激勵教會關顧缺乏和貧窮階層的人(六20～21，九10～17，十六19～31，十八1～8)，它也可能是針對某些否定耶穌肉身生活的異端思想和教導而作的回應(四16～28，六1～5，十13～16，十一37～十二1)，而福音書裏耶穌的受苦、受死(九22、44～45，十七25，十八31～34，二十二37，二十四6～11、25～27、39～43），亦必定為面對逼迫的教會樹立了榜樣。

2.3.4. 大綱

若干主題：
- *耶穌應驗了舊約聖經的預言，他富有憐憫，看顧貧窮者與受壓制者（四18～21）*
- *耶穌之事工有聖靈的參與*
- *上帝的福音是為那些受人輕視和壓迫者（稅吏、撒馬利亞人、外邦人、婦女）所預備的*

A. 引言（一1～4）

B. 救主降生記敍（一5～二52）

C. 救主職事之始（三1～九50）

D. 救主耶路撒冷之旅（九51～十九27）

E. 救主耶路撒冷之職事（十九28～二十二46）

F. 救主受難、復活（二十二47～二十四12）

G. 結語（二十四13～53）

溫習問題

1. 作者路加與保羅有何關係？
2. 從寫作對象而言，路加福音與馬太和馬可福音書有何不同？原來的讀者既是外邦人，他們對猶太信仰的認識有多少？
3. 文中指「耶穌是救恩歷史的立足點」，試簡述之；甚麼叫「救恩歷史」？
4. 試簡述路加福音的敘事手法和特色。

2.4. 約翰福音

約翰福音是4卷福音書中一卷與別不同的書。它的語言、表達，並有關耶穌生平的綱領和時空次序，都與馬太、馬可和路加福音有別。約翰福音裏的敍述和資料，處處都顯示出約翰福音的獨特性。事實上，約翰福音獨特的地方正是其信息所在。舉例說：

約翰福音除了在內容上與其他的福音書有明顯的不同之處外，有沒有發現在閱讀時，感受上也有許多不同之處？試列明之。

在符類福音，……	在約翰福音，……
耶穌在耶路撒冷只出現1次（約1週的時間）	耶穌卻先後多次出現於耶路撒冷
耶穌的職事為期約有1年	耶穌的職事清楚有3年之久
耶穌與猶太領袖的衝突比較輕微	耶穌在耶路撒冷的長期職事，突出了耶穌與猶太領袖和信仰傳統的衝突

由此看來，約翰和符類福音的差別，實在是流露每卷福音書的主題目的。所以，我們在研讀的時候，應該尊重每卷福音書的記述，而不強將它們糅合，免得錯失福音書的精髓。

2.4.1. 作者介紹

約翰福音作者的身分，一直以來都是許多學者所探討的問題。從愛任紐開始，教會傳統就以西庇太兒子約翰為約翰福音的作者。但比愛任紐更早的帕皮厄斯，在有關的討論上，並沒有清楚指出約翰福音作者的身分，只說是「耶穌所鍾愛的一個人」。此外，也有傳統指約翰福音的作者是一名「長老約翰」。就如我們討論符類福音作者時所指出，儘管教會傳統為我們提出解答，但這些資料並不是完全一致的。在福音書的內容(內證)沒有任何指示，而教父傳統(外證)亦不統一的情況下，我們就會明白歷來學者為這個問題付出了不少的努力和心力。

然而，在秉承傳統，認為約翰福音的作者就是西庇太的兒子使徒約翰(或可以說，「某名約翰」)的同時，還要記得我們多次指出的一點：儘管探索福音書作者的身分對歷史和詮釋都有重要的價值，但當我們不能達到一致和統一的結論時，並不需要感到沮喪和懷疑。畢竟，福音書作者並不在意讀者是否能知道自己的身分。他們關注的是讀者能否掌握他們所寫的：「本書記述的目的是要你們信耶穌是基督，是上帝的兒子，並且要你們因信他而獲得生命。」(二十31)

2.4.2. 寫作對象和特色

從作品的內容看，約翰福音的對象應該是猶太人。在約翰福音裏，耶穌3年的職事經過猶太人幾個**重要的節期**。固然這些節期背後的神學背景和意義，與猶太人是息息相關的。而耶穌的工作和講論所引起的衝突和申論，也明顯是由於他向猶太人所宣稱自己的身分，對猶太人的傳統造成很大的衝擊。我們可以說，如果沒有猶太信仰、傳統的基礎和知識，約翰福音的信息是難以明白的。此外，約翰福音裏廣為人談論的「記號」、象徵和隱喻手法，亦有豐富的舊約信仰的元素和背景。

例如逾越節(二、六、十三～十九章)、安息日(五、九章)、住棚節(七章)、獻殿節(十章)。

約翰福音裏耶穌與猶太領袖的對峙，也許可以反映出基督徒和猶太會堂之間的張力。猶太領袖對耶穌的跟從者的迫害(九22)，顯示早期基督徒所面對的處境。事實上，在約翰福音十四至十七章裏，這個氣氛就更是明顯。所以，約翰福音的另一目的，就是要堅固受猶太人迫害的基督徒。

然而，約翰福音並不僅僅為猶太人、或受猶太人迫害的基督徒寫的，它亦是向外邦人宣揚救恩的作品。約翰福音之向外邦人宣揚耶穌基督，不一定見諸其二元色彩和哲學味道。事實上，二元色彩的作品亦見於巴勒斯坦極之保守的猶太羣體(昆蘭羣體，參4.1專欄「施洗約翰與昆蘭羣體」)。福音書的內容，才是說明福音書的視野的證據(撒馬利亞人歸主，四1～54；希臘人求見主，十二20～24)。

2.4.3. 整體信息

在約翰福音一章中，耶穌同時被稱為「子」、「基督」、「上帝的兒子」、「以色列的君王」與「人子」等。

約翰福音的中心信息與其他福音書無異——耶穌是基督。但約翰福音比其他福音書更進一步。如果說馬太的耶穌是上帝律法的鑰匙，路加的耶穌是歷史的支點，約翰則開宗明義地宣告耶穌就是律法的根源——**「道」**。這道與上帝同在，並且確確實實地進入人類中生活。約翰福音序言的認信，說明了耶穌是超過了律法：「上帝藉著摩西頒佈律法，但恩典和真理是藉著耶穌基督來的。沒有人見過上帝，只有獨子，就是跟父親最親密的那一位，把他啟示出來。」(一17～18)在及後的內容裏，作者進一步將這個觀念表明：「你們研究聖經，認為從裏面可以找到永恒的生命；其實聖經的話就是為我作見證的！」(五39)換言之，耶穌是一切的根源、是創造歷史的上帝(一1～18)。耶穌不僅僅是傳達和解釋啟示的彌賽亞；耶穌就是啟示的本身。

在這樣的前題下，約翰福音裏的耶穌自然是一位全能全知、對所有事件和人物都瞭如指掌的主宰。在約翰福音裏，耶穌洞悉人的內心(二23～25，六61，十三11)。而且耶穌並不以上十字架為受苦。相反，十架的道路是榮耀的旅途。約翰福音所表達的耶穌，對困惑和受壓的基督徒來説，是莫大的安慰(十六1～4)。對那些因十字架的羞辱而遭受譏笑的基督徒而言，約翰實在提出了另一個角度，讓他們看見在高舉的羞辱背後，竟是上帝的能力、愛和審判的彰顯(三14～21)。

早期教會所經驗的壓迫，可能是現代讀者所不能明白和體會的。按約翰福音所言，基督徒所傳揚的福音與他們所受的逼迫，兩者的對峙和爭持，就好像光明與黑暗的鬥爭，就如耶穌和迫害他的猶太領袖一樣。無論是耶穌還是他的跟從者，他們是不為黑暗接納的光明。從空間的角度看，耶穌和他的跟從者是從上而來的，屬地／從下而來的世界又怎能了解？

這種對立的情況，構成了福音書裏「接受和拒絕」的主題信息。當耶穌和他的跟從者宣示上帝的啟示之時，世界只可以有兩種回應：拒絕或接受。拒絕的是在黑暗裏，接受是在光明裏。這個光／暗的主題，是解讀約翰福音其中一個重要的指示。

約翰福音這些「對立式」的主題，對你在信仰有何啟迪或鼓勵？特別在「信」與「不信」這主題上對你有何提醒？

當然，約翰所説的接受，就是「信」。這是約翰福音裏另一個極重要的信息。約翰所講的「信」，是從基本的內容(耶穌是從上帝而來的啟示)開出的生命態度和信念。「信」不是靜態的內容，而是不斷跟隨、付出、堅持、成長、探索和開放的生命。也許，這是何以約翰的「信」，總是以動詞出現的原因。

2.4.4. 大綱

若干主題：
- *耶穌基督是上帝永生之道(Logos)*
- *惟有耶穌才是永生之源*
- *耶穌所行的7件神蹟與耶穌的自我宣告*

A. 引言（一1～51）

B. 耶穌對世界的職事（二1～十二50）

C. 耶穌對跟從者的職事（十三1～十七26）

D. 榮耀的時候（十八1～二十31）

E. 結語（二十一1～25）

溫習問題

1. 試列舉約翰福音與符類福音不同之處。這些不同之處反映出甚麼事實？
2. 約翰福音的作者是誰？
3. 約翰福音十四至十七章最能表達信徒面對迫害的情形的處境，試從其中尋找一些經文表達應如何面對這些處境？
4. 約翰福音經常出現「對立式」的主題，試從其中尋找一些描寫與基督徒對峙的主題。
5. 試綜合比較4卷福音書的寫作對象、內容重點，以及關注的題材。

2.5. 參考書目

孫寶玲著。《約翰福音文學註釋》。香港：天道出版社，2001。

黃根春編著。《四福音真貌：福音書的素材，結構與主題》。香港：基督教文藝出版社，2001。

黃錫木著。《新約研究透視》。二版。香港：基道出版社，2000。

黃錫木編。《四福音合參》。香港：基道出版社，1995。

第二部分

福音書中的耶穌生平

對於了解耶穌基督而言，新約四福音書(馬太、馬可、路加和約翰四福音)無疑是最重要也幾乎是惟一的資料來源。大體來說，4卷書都是按著一定的次序：出生(雖然馬可和約翰福音沒有交代)、公開的傳道生活、受難(包括受審、釘十架)、復活和升天。而且，4卷福音書的焦點也是相同的：耶穌的公開傳道生活和受難。不過，仔細研讀每一階段的記載，就會發現4卷書的記述方式和內容不但大有不同，差異之處更多的是。我們可以說，概括地了解耶穌基督的生平事蹟是重要的，但「完整地」重建耶穌基督生平的歷史框架中每一個細節卻非常困難，甚至是沒有可能的。

為要取得平衡，本書嘗試採用「既綜合又選擇」的方法，以尊重每一卷福音書為大前題，避免傳統的「協調法」可能造成的偏差。接著下來8章的篇幅是介紹和討論福音書中耶穌基督的生平的。我們以《四福音合參》和《四福音與經外平行經文合參》的大綱為基礎(參附錄一：耶穌生平大綱)，綜合4卷福音書的內容，重整一個概括的耶穌生平歷史框架；這大綱亦是一般聖經學者所認同和接受的。在這個基礎上，我們將按每一時段選取一些經文加以討論。

亞比利尼省
西頓
腓尼
撒勒法
泰爾
巴黑
凱撒利亞·腓立比
基加利利
哥拉汛
迦百農
伯賽大
迦拿
提比哩亞
迦密
拿撒勒
他泊
拿因
耶斯列
凱撒利亞
沙崙
低加坡里
撒馬利亞
敘加
約旦
亞利馬太
約帕
比利亞
呂大城
猶大地
以馬忤斯
耶利哥
耶路撒冷
伯大尼
昆蘭
亞鎖都
伯利恆
希律堡
希伯崙
迦薩
以土買
別是巴
阿拉伯
■ = 地區首府

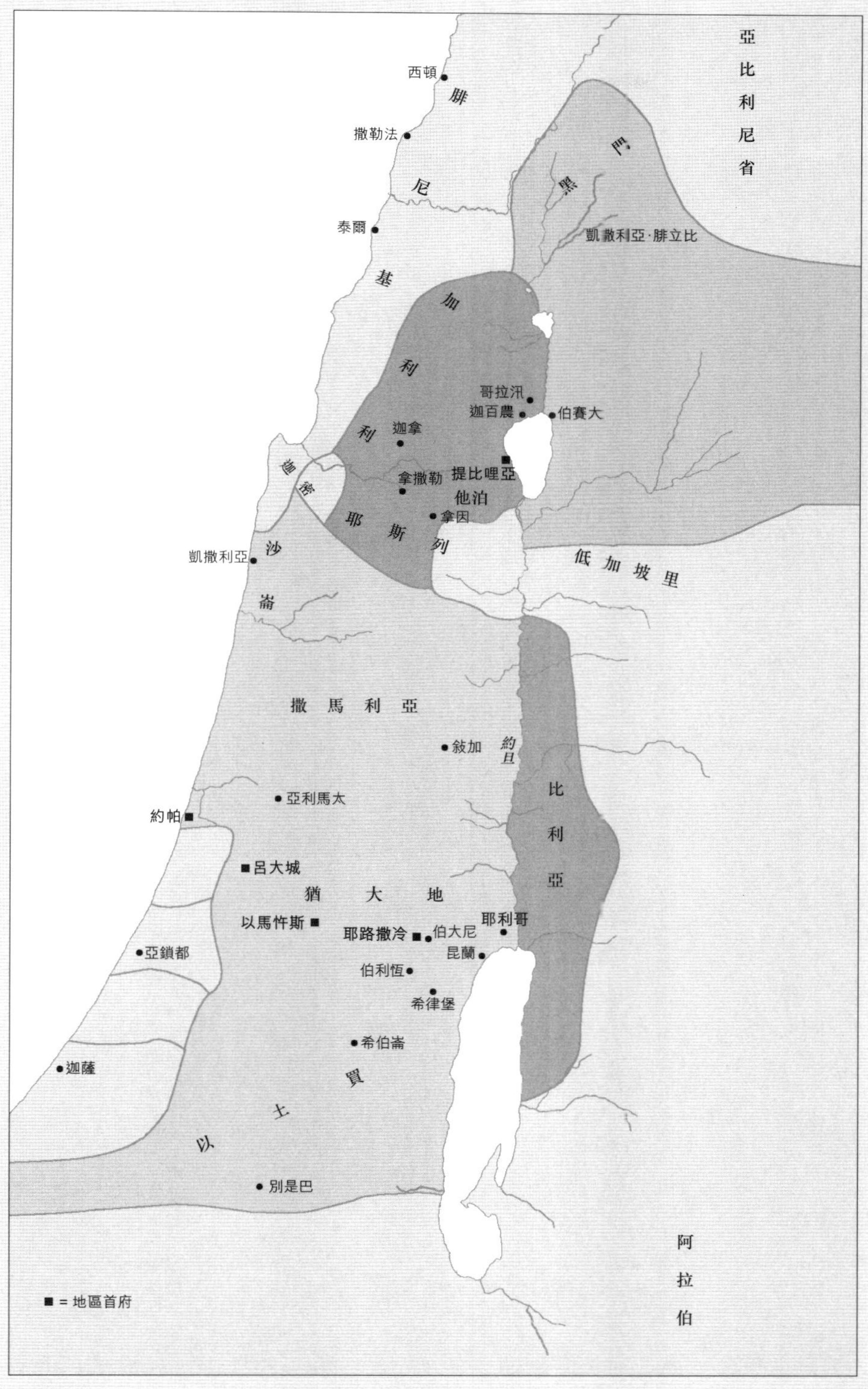

● 耶穌時代的巴勒斯坦

第三章

公開職事前的耶穌

- 第一個「聖誕節」
- 淺談「兩個」家譜
- 約翰的「道成為人」
- 耶穌的童年生活

基督教對耶穌的理解，是其信仰最重要的核心思想。「耶穌既是上帝又是人」成為新教（又稱「更正教」）、天主教和正教（Orthodox Church）的一大共通點，而這點亦把基督教與其他近似的宗教（例如：耶和華見證人）分辨開來。4卷福音書的信息都要見證這核心信仰的重要性。但要見證這位「與上帝有同等屬性」的耶穌的誕生，就當然要提到聖經所記載的「聖誕節」了。然而，並不是每一位福音書作者都那麼重視「聖誕節」的，他們認為有另外一些事蹟更能表達這位耶穌的重要性。

試想想你心目中的一些偉人。大概你不會記念他們何時或如何出生，但卻能知道他們所做過的事情和功績。

儘管今天的社會和教會相當看重聖誕節，但這個習俗絕非早期教會的傳統。最早寫成的福音書馬可福音，固然沒有聖誕故事，奇怪的是：即使後來面世的馬太福音和路加福音都記載了耶穌誕生的事蹟，但兩卷福音書的版本卻截然不同。根據教父文獻所提供的資料，有關慶祝耶穌降生的記載，最早見於公元4世紀！早期教會之所以沒有太重視耶穌的降生，可能反映他們並不認為耶穌的重要性完全繫於他的出生。耶穌的降生為人當然是整個基督教信仰中非常看重的歷史事實，但更具代表性的，可能不是「耶穌誕生」，而是其他事情。

3.1. 第一個「聖誕節」

只有馬太福音和路加福音為耶穌誕生一事提供了一些具體的細節。在馬太的描述中，耶穌降生的消息，是天使在夢中向約瑟宣布的，而在路加的描述中，天使則是向馬利亞宣布這事。這兩者雖在記載上的重點不同，它們仍謹慎地指出耶穌降生的獨特性，強調馬利亞是從聖靈感孕，而不是從她所許配的約瑟懷孕。兩卷福音書都記載了有陌生人前來訪問的事件，這些陌生人同樣承認耶穌的獨特性，而這些訪問也為作者強調耶穌福音的普世性埋下了伏線。

3.1.1. 突然其來的懷孕 (路一5～80；太一18～25)

路加不單記述耶穌的出生，還詳述耶穌的親戚施洗約翰的誕生，這至少有兩個原因：一、這位約翰將要作耶穌傳道工作上的先鋒，要預備好人民悔改的心，迎接這位人類的救主的來臨；二、要指出耶穌的身分在出生之前已為人所知。

約翰的父母分別叫做撒迦利亞和伊利莎白，兩人都是亞倫的後裔，而撒迦利亞更是一位在聖殿供職的祭司。他們都年紀老邁，沒有子女；經文沒有說他們有求子之心，這大概可以說明，他們不寄望於一個無望的祈盼罷。但有一天，天使**加百列**突然在聖殿裏向撒迦利亞顯現，傳達上帝要賜給他一個兒子的應許，並指示他給孩子起名約翰。這孩子長大後，要履行一個特殊的使命，「……他要使父親和兒女重新和好，使悖逆的人回頭，走上義人明智的道路；他要幫助人民來迎接主」(路一17)。就如舊約其中一位最偉大的先知以利亞一樣，約翰的使命是要敢於對抗邪惡統治，把人民從罪中呼召出來。

據猶太教傳統(例如舊約次經中的《以諾一書》)記載，加百列是其中一位天使長；另一位天使長是米迦勒，於猶大書(9節)亦有提及。

對施洗約翰誕生的預告

在耶穌的時代，祭司的職責，除了帶領敬拜和教導人認識聖經，還包括聖殿中的獻祭，以及聖殿的管理和基本的維修。當時，全國約有20,000名祭司，分成24個班輪流當值，每班約1000人，而撒迦利亞所屬的亞比雅是第八班(代上二十四7～8)。

每一年，每班均可在聖殿裏事奉兩次，每次為期一週。由於聖殿的聖所是聖殿中至聖的地方，除了大祭司外，一般祭司亦不得擅自進入。當值的那週，該班的祭司就會以抽籤方法來決定誰可進入聖所燒香，時間分別在早祭和午祭前(出三十6～8)。傳統猶太人認為，抽籤這方法可印證上帝的旨意(參徒一24～26)，因此，撒迦利亞經過抽籤得以進入聖所燒香，不單止是千載難逢的機會，更說明是上帝的安排。

上主對撒迦利亞的安排和對他兩老的憐憫，與撒迦利亞那種帶著猶豫的驚訝成了強烈的對比。加百列把撒迦利亞暫時變成啞巴，一方面是個懲罰，亦是一個徵兆，證明天使所說是真的。

留意作者對施洗約翰誕生的預告方式，仿效了經典的舊約人物故事(如參孫，士十三4；撒母耳，撒上一9～11)；這反映作者刻意把約翰描述成舊約先知的延續。

「耶穌」這名字源自亞蘭語字，相等於舊約中的「約書亞」，意即「上帝的救恩」。

加百列還有另一個預告，是要向撒迦利亞的親屬，住在拿撒勒的馬利亞宣告的。馬利亞是一個已經訂婚、卻還沒有成親的女孩子。加百列的問候使她驚慌：「願你平安！你是蒙大恩的女子，主與你同在！」(路一28)加百列叫馬利亞安心，因為一切都平安無事，只不過上帝要她成為未婚媽媽，而所生的兒子名叫**耶穌**！名字也許很普通，但孩子卻非常特別：

> 他將成為偉大的人物，他要被稱為至高上帝的兒子。主——上帝要立他繼承他祖先大衛的王位。他要永遠作雅各家的王，他的王權無窮無盡！(路一32～33)

簡單來說，這位耶穌將要成為猶太人期待已久的彌賽亞，亦是人類的救主。

馬利亞提出了一個非常合理的問題，她還是處女，怎麼可能懷孕呢？馬利亞的猶豫與撒迦利亞的猶豫基本上是一樣的，但這一回，天使卻耐心地回答：「因為在上帝沒有一件事是做不到的。」(路一37)加百列還解釋道：「聖靈要降臨到你身上；至高上帝的權能要庇蔭你。因此，那將誕生的聖嬰要被稱為上帝的兒子。」(路一35)除了加百列的解釋外，懷孕的實現和機制只能是一個奧祕。

加百列還額外憐憫馬利亞，給她一個印證，就是她親屬伊利莎白同樣有神奇懷孕的消息。那時伊利莎白已經隱居起來，等待分娩。馬利亞一聽到這消息，就馬上前去探望伊利莎白，看個究竟。這兩位未來的母親一相遇，伊利莎白「腹中的胎兒就跳動了」，並且伊利莎白被聖靈充滿，高聲喊著説：「你是女子中最蒙福的；你所懷的胎兒也是蒙福的！」(路一42)馬利亞與伊利莎白同住了3個月左右，就回家了。到臨盆的時候，伊利莎白生了一個兒子，給他起名叫約翰。

在這些意外懷孕的驚喜中，有一個人對所發生的事並不十分興奮。約瑟作為馬利亞的未婚夫，他所知道的就是未婚妻懷孕了，自己卻不是那孩子的父親。這種情形現在並非特別罕見，但在約瑟那個時代，**這是極大的醜聞**。但他沒有將情況公開，或者控告馬利亞，因為他「為人正直，但又不願意公開羞辱她，卻有意要祕密解除婚約」(太一19)。毫無疑問，約瑟處理這件事情，多少也讓我們知道他的為人如何；不過，約瑟之所以想這樣做，也可能是因為他對馬利亞所講的事極其害怕，心裏可能想：「倘若這確有其事，那怎麼辦呢？既是如此，不如低調地處理還好。」

合法訂婚和婚姻有著同樣的約束力，只是不能有性關係；一般來說，訂婚與正式結婚相隔約一年。

正是這個原因，天使在約瑟夢中顯現，向他保證：「不要怕，儘管娶馬利亞作妻子，因為她懷的孕是由聖靈來的」(太一20)。約瑟照著上帝的命令，與馬利亞成婚，但聖經上明明記載，他們沒有同房，直到耶穌降生以後（太

你若是馬利亞或約瑟，你的反應會如何？對一些違反常理的事情，你通常會怎樣看待？

一24～25）。這顯然是要確保讀者清楚知道，所生下來的不是從約瑟來的。

3.1.2. 第一個聖誕節 （路二1～20）

基督教最為教外人所熟悉的，可能不是耶穌，而是聖誕節的故事：「馬利亞騎著毛驢來到伯利恒，即將分娩之時，客棧的主人卻告訴他們沒有地方了；天上到處是唱歌的天使，還有3位博士和牧羊人一同前來馬槽，朝拜躺臥在小搖籃中的聖嬰，馬驢都很馴服的站在旁，不作一聲。」很多人都認為，這温馨的描述是聖經上所記載的第一個聖誕節派對。為要使聖誕節的氣氛更加熱鬧，故事更加動人，加插一些細節是無可厚非的。但我們至少需要知道，當中究竟有多少是「傳統」，多少是「聖經記載」？在這一節，我們將要細看。

首先要留意，雖然馬太和路加都有記載耶穌出生的故事，但仔細閱讀就會發現，只有路加福音（二1～7）記載耶穌的出生，而馬太只記載出生前和後的事情。不過，馬太卻指出耶穌的出生是要應驗舊約先知彌迦所説：「但是我要從你【指伯利恒城】那裏，為以色列選立一位統治者；他的家系可追溯到亙古。」（彌五2）

約瑟和馬利亞的家鄉本來是**拿撒勒城**，馬太並沒有交代他們為何會在**伯利恒城**生下耶穌，但路加卻指出，這是因為當時一道官方指令，要求他們參加羅馬的人口普查。因為約瑟是大衛的後裔，必須到大衛的家鄉伯利恒報名上冊；從拿撒勒向南行，約有3日的行程，才可到達伯利恒。

拿撒勒在北部加利利省內，位於加利利湖西面；伯利恒城則在南部的猶太省內，位於耶路撒冷南面。

在伯利恒，馬利亞即將分娩了，但那裏沒有房間，只找到了一個飼養動物的地方，而馬利亞就在那裏誕下嬰孩耶穌。儘管幾乎每齣聖誕劇都繪畫約瑟和馬利亞因客店沒有房子，所以住在馬槽裏，那裏還有一匹未套繮繩的馬(或驢)；然而，這與聖經學者的理解卻有出入：

1. 出現在一般譯本中「客店」或「客棧」一詞的希臘語字，很可能只是指一個房間(或空房)；換言之，由於當地人家中的空房都被旅客住滿了，所以兩夫婦逼不得已要住在飼養動物的地方。
2. 所謂「馬槽」，其實泛指一個不是給人居住，而是飼養動物的地方，耶穌極可能在**山邊的洞穴裏出生**，因為在當時，山邊洞穴是通常飼養家畜的地方。

很早期的文獻亦有清楚記載耶穌在山邊的洞穴裏出生，而在今天的伯利恆城裏，傳說是耶穌降生的地方也是一個洞穴。

這位人類的救贖主就是在如此安靜中誕生。若不是發生了一些非同尋常之事，耶穌的出生也許就會悄然而過。可能就在嬰孩耶穌出生那一天，一位天使將基督降生的消息告訴了附近的牧羊人。在「一大隊天軍跟那天使一起出現，頌讚上帝」(路二13)的場景襯托下，牧羊人離開羊羣，找到了嬰孩和他的父母，就高聲讚美上帝，並回去將所見的一切告訴人。

耶穌誕生8天以後，被帶到聖殿接受割禮。一位叫西面的人，上帝曾應許在他有生之年會有一天得見「主**基督**」(路二25～26)。在得知耶穌就是所盼望的彌賽亞時，西面高聲讚美上帝，並為馬利亞和約瑟祝福。另一位認出聖嬰的是一個叫安娜的老年寡婦，她在聖殿多年禁食祈禱，現在她向願意傾聽的人大聲宣告，耶路撒冷的拯救已經來到了。

「基督」又稱為「彌賽亞」，兩者均為受膏者之意。

3.1.3. 朝拜小孩耶穌 (太二1～12)

「東方」一詞大概指波斯，按此，這些星象家可能是祆教的祭司或智者；他們認為，神明往往透過天象來啟示其旨意。

相隔了一段時間，一隊聖經上稱之為「星象家」的旅行者，從**東方**某地出發，朝著伯利恆方向走來。《和合本》稱之為「博士」，意指「博學的賢士」(並非今天的Ph.D.)，但原文其實是指一些占星學家。他們在自己的地方已經看見一顆很特別的星，按他們的解釋，這星預示一位新王要誕生，所以他們為那位「出生要作猶太人的王的」(太二1～2)帶來了禮物。

經過一段日子的旅行，他們來到希律王宮，要了解希律王知道甚麼消息。希律對這位潛在的競爭者產生了警戒之心，所以他要求這些星象家仔細尋訪新生王，找到後回來告訴他。星象家很快就找到小孩子耶穌，並獻上他們的禮物：黃金、乳香和沒藥。聖經沒有記載有多少人參與這次朝拜旅程，這樣的長途跋涉，一定不只3個人。而且也要注意，馬太福音記載稱此時的耶穌為「小孩子」而不是「嬰孩」，而博士們是在「屋子」而不是「馬槽」裏找到小耶穌的，因此，博士可能在牧羊人離去之後好幾個月，甚至一年之後才到達。

星象家在夢中得到上帝的警告，不能回去給希律報訊。因此他們就走另一條路回東方去了。希律見星象家沒回來報告消息，異常惱怒，下令將伯利恆城及其周圍地區，凡兩歲以下的男孩，全都殺死。約瑟和馬利亞預先受到警告，所以逃出伯利恆，往埃及去了。他們住在埃及，直到希律死後，才回到拿撒勒。

耶穌首兩年的生活

按福音書的資料，耶穌的首兩年生活的重整如下：

1. 耶穌的誕生(路二1～7)
2. 牧羊人到訪(路二8～20)
3. 耶穌受割禮並在聖殿行奉獻禮(路二21～38)。
4. 之後返回拿撒勒，他們的原居地暫住(路二39)。
5. 後來返回伯利恆，打算在那裏定居(因為那裏非常接近耶路撒冷)。雖然聖經沒有記載這事，但可從下文(6)暗示得知。
6. 幾位星象家到伯利恆探訪小孩耶穌(太二1～11)。
7. 逃到埃及(太二13～21)
8. 最後再返回拿撒勒(太二22～23)，在那裏定居。

3.1.4. 馬太福音和路加福音的耶穌誕生故事的比較

從路加福音和馬太福音有關耶穌誕生的記載看來，兩個記載的差異是不能動輒以「協調」處理掉的，因為兩卷福音書的作者並不是純以歷史的旨趣記述有關耶穌降生的事蹟；然而，我們仍可以從他們的記載和資料，勾畫出一個輪廓。事實上，兩卷福音書的誕生記敍，都有相近的主題和重點。我們並不需要「協調」不同福音書的記載。我們真正需要的，是從個別福音書作者的角度，掌握他們所陳述降生敍事的意義。

路加有關耶穌的誕生和童年的敍事，清楚將耶穌與聖殿相連起來。耶穌與猶太信仰的傳承關係，可見一斑。不僅如此，路加還將耶穌的誕生，放在特定的歷史處境裏(路二1～2)，以羅馬的君王凱撒**奧**

原名為屋大維(Octavius)，是歷史上著名的凱撒大帝(即猶流・凱撒)的侄兒，後成為他的養子；登基後稱為「奧古斯都」(Augustus)，意即「受敬畏的人」。

古斯都(公元前27～公元14年)，對比真正為世界帶來和平的君王耶穌基督(二10～14)。當然，伊利莎白、馬利亞、撒迦利亞和西面所講的話，以及天使向牧羊人的宣告，都指出耶穌的救恩是衝破種族、文化和社會階級的。

馬太的記載，同樣是要表明耶穌是彌賽亞。與路加的主旨相似，馬太所記敍的耶穌，仍然是與猶太信仰息息相關的彌賽亞。不過，馬太就明顯以經文的預言印證耶穌的身分和遭遇(太一22，二5～6、15、17、23)。在馬太福音的敍事裏，君王耶穌接受來自東方「星象家」的崇拜，但同時為地上的希律王帶來嚴重的威脅。

最後，路加和馬太不約而同地強調，耶穌的降生是獨特的。耶穌的降世，是上帝介入人類歷史救贖的彰顯，並不是人倫關係的結果。表面從人的宗族脈絡看來，耶穌的根源似是有迹可循，但路加福音和馬太福音之強調耶穌從童貞女馬利亞而出，正是要說明耶穌的根源是上帝。

3.2. 淺談「兩個」家譜 (太一1～17；路三23～38)

古以色列人很重視自己家族的祖先是誰。聖經收錄了家族成員清單(家譜)，是為了表明某個家族的來源，及這個家族之所以重要的原因。馬太福音和路加福音都把耶穌降生的描述與家譜連繫起來，目的是要表明，在律法上來說，耶穌是亞伯拉罕和大衛的後裔；然而兩個版本卻截然不同。

兩位福音書作者在企圖證明耶穌的神性之餘，也沒有忽略耶穌的「猶太人身分」。究竟耶穌跟以色列的先祖該有怎樣的關係呢？換句話說，耶穌的基督身分跟舊約的關係到底如何？

為要解決這個問題，兩位作者試圖藉著追溯耶穌的族系，**證明耶穌是一位以色列人**。他們各自為我們提供了一個耶穌的家譜（太一1～17；路三23～38），藉以證明和確立耶穌的以色列血統，並從而帶出耶穌那尊貴的身分，「大衛的後代」，而路加更追溯至「亞當的兒子、上帝的兒子」，這神性的身分。

一個猶太人的籍系是由母親來決定的，而其在法律上的地位則由父親賦予。

大概兩位作者未有機會互相核對，而又採用不同的資料來源；馬太福音和路加福音所記載的耶穌族譜互有出入，就連約瑟父親的名字也不相同。一般的現代學者都不試圖解決這個問題，這裏只提供一個古代和一個現代的答案，僅供參考。

最早企圖協調馬太福音和路加福音中兩個耶穌家譜版本的，是一位教父名叫阿弗理卡流（Sextus Julius Africanus，公元160～240年）；他的討論存留在著名歷史學家優西比烏的《教會歷史》（I.7.2～16）中。按阿弗理卡流解釋，馬太所列出的是一個王族的族系，而路加則表達血統上的族系，例如馬太福音在大衛之後就列出所羅門、羅波安……雅各，最後是約瑟，而**路加福音在大衛之後列出的**，則是拿單、瑪達他……希里，最後是約瑟。那麼，為何約瑟有兩個不同的父親？阿弗理卡流基本上是用「叔娶寡嫂的婚姻」（申二十五5～6）來解釋：約瑟兩位不同的父親，「雅各」（太一16）和「希里」（路三23）其實是兄弟，但由於雅各死時沒有兒子，於是希里就娶了他的嫂嫂（即雅各的妻子），生了約瑟；因此，約瑟本是希里肉體上的兒子，但按猶太教律法，卻成為了雅各的兒子。

由於路加是以倒序的方式排列耶穌的家譜，在經文裏，拿單的名字比大衛先出現。

例如J. Nolland, Luke 1～9:20 (Word Biblical Commentary 35A； Waco, TX: Word Books, 1989)

現代學者的解釋與這古代的解釋頗為相似：路加和馬

太所記載的家譜其實是兩個家族的家譜，路加記載馬利亞的家譜，馬太則記載約瑟的家譜。為何會把兩個家譜混在一起呢？可能因為馬利亞並沒有兄弟，因此，當馬利亞與約瑟成親後，按猶太人的習俗，約瑟便成為馬利亞父親的養子（參民三十二41；代上二21～22；拉二61）。

3.3. 約翰的「道成為人」（約一1～18）

符類福音頗詳盡地縷述耶穌的出生、家族親屬的淵源，以表達耶穌具體可溯的生活和根源，但真正將耶穌的身分源於上帝這一點發揮得淋漓盡致的，是約翰福音。約翰將追溯耶穌生平的軌道，提升至超越了世人的時空和脈絡。對約翰而言，耶穌的開始既不始於伯利恆，也不需要任何人見證。耶穌身分的見證源於上帝；耶穌在哪裏出生並不重要，最重要的是知道他是從父上帝那裏來的「道」。這個「道」既是創造萬物的基本，約翰福音就確認人不能倒果為因，以時空和人倫網絡證明耶穌的身分。

約翰用「道」、「生命」和「光」等富有濃厚象徵意義的字眼來形容耶穌，特別申明這「道」（即耶穌）在創世之前就存在，並與猶太人所敬拜的上帝（或耶和華）同在；他有「上帝般」的屬性（約一1）。上帝是藉著耶穌創造萬有的（一2～3、10），就如昔日，耶和華用口中的言語創造萬物一樣。這道帶出真正的「生命」，這生命就是人的「光」，照亮一切的人。

由於在耶穌出來傳道之先，他的親戚施洗約翰的復興運動非常成功，以至很多人以為約翰就是那「光」，所以，作者特別澄清，約翰「本身不是那光，而是要為光作見證」，使眾人因他的見證可以接受那光。雖然上帝一直藉著摩西和眾先知向人啟示，但他的子民卻未有聽從。如今，這「道」來到世界上，成為有血有肉的人，「住在我們當中……把他啟示出來」(約一14～18)。

約翰福音一章18節可算是全段最重要的一節。作者首先指出，從來沒有人見過這位上帝(或耶和華)，但這並不表示我們不能認識他，因為，那位「與上帝同在的道」，又是與這位上帝非常親密的那位已經將上帝表明出來了。換言之，耶穌的降臨其實是說明，上帝已成為一個有血有肉的人。

約翰福音一章1節的要點

❶「道」字何解？(1節)

這「道」(logos)是指出自上帝口中，帶有大能力的話。這裏「道」和「萬物的創造」的關係正好配合舊約創世記一章的創造故事：耶和華是用祂大有能力的「說話」創造萬物的；這個「諸天由上主的命令造成」的主題在詩篇中曾多次出現(參詩三十三6)。此外，這「道」亦是先知向人所傳遞的信息(何一2)，也是上帝的律法和祂神聖的標準(詩一一九11)。最後，值得留意：當時通行於猶太人中的亞蘭語舊約譯本(即《他爾根》)，用亞蘭語字*memra*來指耶和華，而這字剛好相等於希臘語的「道」；因此，約翰可能借用這亞蘭語觀念，不過用希臘語字表達，來指出主耶穌就是舊約的耶和華。

❷「道是上帝」(1節)

短短一句話卻惹來很多討論。耶和華見證人在其官方譯本《新世界譯本》中，把這句翻成「道是個神」，意思是：這道(即主耶穌基督)是其中一位神。從原文角度來看，若把這句子從文中(即一1～18或整卷約翰福音)抽出來，這種理解並非不可能，但卻顯然與整段經文、整部約翰福音，及至整本聖經相違；單一神論是無可置疑的，而耶穌神人二性更是不容質疑的。與電腦語言不同，人類語言經常是一詞多義的，所以必須按上下文的語境來作決定。

若按原文詞序把這句翻出來，這句會變成「上帝就是這道」，或英語：God was

the Logos；一般中文譯本為了遷就現代白話文的表達，逼不得已把原文的詞序倒轉過來。這句最重要一點是作者用一種強調的方式，用「上帝／神」(God)這名詞作為定語來形容「道」，要表達這道擁有如上帝般的屬性。若要帶出原來句子對「上帝／神」的強調，我們可把開首這節這樣翻：「宇宙被造以前，道已經存在。道與上帝同在，那有上帝屬性的就是這道」。

3.4. 耶穌的童年生活 (太二22～23；路二39～52)

雖然按路加福音所載(二1～5)，耶穌的家鄉(即約瑟和馬利亞的家鄉)是伯利恆，但他還是在約瑟和馬利亞所熟悉的拿撒勒城長大。事實上，據4卷福音書所示，在耶穌的生平職事裏，人都稱他為「拿撒勒人耶穌」。由此可見，他前大半生必定是在加利利一帶渡過。但如果耶穌的家鄉是伯利恆，他又怎麼會在拿撒勒長大，人又怎麼只記得他是個拿撒勒人呢？在此，福音書的作者就嘗試為這些問題提出解答。

馬太引用一段舊約經文，既說明耶穌和家人怎樣在拿撒勒住下來，同時亦證明這是上帝的安排(太二19～23)。而路加則暗示，縱使約瑟和馬利亞的家鄉是伯利恆，但他們固定的住所卻是在拿撒勒。所以，回鄉報名上冊後，自然是返回原來居住的地方(路二51)。

對於孩童耶穌的生活(3歲到12歲)，福音書幾乎是完全沉默的，只有路加的這番話：「孩子漸漸長大，健壯而有智慧；上帝的恩寵與他同在。」(路二40)除此以外，路加也記載了一件事(路二41～51)。

當耶穌12歲的時候，第一次跟隨家人前往耶路撒冷慶祝逾越節。然而，在過節以後，他沒有跟隨大隊回家，卻一個人留在耶城，並在聖殿裏與猶太教學者討論問題。從表面看，兩代之間似乎有些磨擦：耶穌使父母擔心是不對的，馬利亞也因此而責備耶穌，而耶穌則不明白父母親為甚麼不曉得上帝的心意(或耶穌的意念)。然而，作者路加顯然不是要帶出兩代溝通的這個問題，而是預示了耶穌後來傳道生活的一個關鍵特徵：經常與猶太教學者就律法上的事情進行辯論。

你若是馬利亞或約瑟，你會如何回應耶穌的回答(路二49)呢？

我們很容易因事情的表面而困惑和憂慮。你會否也像馬利亞或約瑟那樣，面對突發事件，沒有冷靜思想上帝的意旨呢？

請留意，在古代社會，孩童的地位遠不及今天社會，嚴肅的猶太拉比竟然與一名12歲的少年討論律法，作者顯然是要突顯孩童時代的耶穌——即使只有12歲——已經有從上帝而來的智慧(參路二47「所有聽見他的人都驚奇他的聰明和對答。」)，亦深知其神聖的使命(路二49「為甚麼找我？難道你們不知道我必須在我父親的家裏嗎？」)。此外，路加亦要藉著這個故事進一步描述馬利亞這名年輕的媽媽。她雖不完全明白他所說的，但是她「把這一切的事都珍惜地記在心裏」。就如昔日天使向馬利亞宣告她要受聖靈感孕時，她所表現的順服，同樣，她也對耶穌的一番話表示順服。

除此以外，耶穌在拿撒勒生活期間，從他地上的父親約瑟那裏學會了**木匠**的技能，並且在約瑟死後，成了村裏的木匠，因為他在福音書中被稱為「那木匠」和「木匠的兒子」。儘管耶穌顯然是一個很特別的小孩，聖經還是告訴我們，耶穌順從父母，「耶穌的身體和智慧一齊增長，深得上帝和人的喜愛」(路二52)。

木匠並不單指製造木器的行業，亦可指一般的建築行業。

溫習問題

1. 試指出馬利亞和約瑟在聖靈感孕一事上，所承受的不同壓力。他們對事件的反應又如何？
2. 馬太福音和路加福音記載耶穌誕生故事的重點有何不同？試作比較。
3. 在籍系的計算方面，猶太人與中國人有何分別？
4. 福音書中哪兩卷記載了耶穌的家譜？個別家譜對於表達耶穌的身分有何重要？
5. 古代教會如何解釋兩卷福音書中不同的耶穌家譜？
6. 符類福音與約翰福音對耶穌出生的理解有何不同？
7. 在這段經文中，「道」字何解？約翰用這字目的何在？
8. 你認為福音書作者沒有多記載耶穌童年生活的原因何在？
9. 路加福音記載耶穌在12歲時，獨個兒留在耶路撒冷聖殿，有何用意？
10. 試重構耶穌出生之後首兩年及路加所記載耶穌童年的生活。

第四章

準備時期和早期傳道

- 施洗約翰傳道
- 耶穌受洗和受試探
- 呼召門徒和早期職事

本章主要介紹耶穌生平最早段的日子，即準備時期和公開傳道的早期；後者以約翰福音的記載為主要骨幹。

「準備時期」這名稱可有兩個含意：

1. 從耶穌生平來看，耶穌雖然已經長大成人(年紀約30歲，參路三23)，但其實他還未正式開始傳道。這段日子大概只是很短，而福音書只記載了兩件事，即耶穌接受水禮和面對撒但的試探。
2. 從耶穌職事的神學意義來看，雖然不是每一卷福音書都記載耶穌的降生，但每一卷福音書都以施洗約翰的復興運動來介紹耶穌的職事和使命。一方面要指出耶穌的職事與舊約先知傳統的連貫性，另一方面要顯露耶穌的真正身分，正如約翰自己這樣見證：「我還是不認識他，但是那差遣我用水施洗的上帝對我說：『你看見聖靈降下來，落在誰身上，誰就是那要用聖靈施洗的。』我已經看見了，所以向你們證明他就是上帝的兒子。」(約一33～34)

一29「第二天」，一35、43「過了一天」。

約翰福音並沒有記載這段準備時期，就連耶穌受洗這重要事件，我們亦只能從約翰的字裏行間推敲出來，然而約翰福音首兩章中的**時間標記**卻要帶出事件一件接一件的緊湊感覺。我們將於下一章介紹幾件僅見於約翰福音，屬於耶穌公開傳道早期的事件，包括發生在加利利省迦拿的一個婚宴以及耶穌初度與猶太人領袖相遇。在約翰福音中，這幾件事都是要展示耶穌如何向不同的人披露自己的身分。

4.1. 施洗約翰傳道 **(太三1～12；可一2～8；路三1～20；約一19～34)**

福音書作者似乎不大有興趣記載一個人的成長過程，耶穌如是，約翰也沒有例外。伊利莎白和撒迦利亞的兒子約翰在清貧但敬虔的生活中長大，個人特徵非常突出。「孩子漸漸長大，身心強健。他住在曠野，一直到他在以色列人中公開活動的時候。」(路一80)當我們再次見到約翰時，他已經是滿面鬍子，在約旦河一帶宣講「悔改、接受洗禮」(路三3)的人了。

在耶穌公開傳道前的某個時候，施洗約翰在曠野發起了一個全國的悔改運動，約翰呼籲民眾受洗，作為他們悔改的標記。

雖然約翰所用的方法與舊約時期的先知們所用的方法十分類似，但他的生活卻好像中世紀的苦修士，過著儉樸的生活，穿駱駝毛衣服，吃**蝗蟲**、野蜜。約翰所傳的信息直截了當：民眾應該悔改，脫離罪行，與人分享所有，對人誠實，行為端莊，生活端正(參路三7~14)。約翰以**以利亞**的身分用這樣的信息「為主準備他的道路」(可一2；參瑪三1)。他樸素的外貌和毫不妥協的道德挑戰，為耶穌的公開出現作了有效的預備。對耶穌後來的傳道工作而言，約翰在民眾中所作鋪墊的工作，意義重大，實在不能低估。

有人認為這裏的蝗蟲，是指蝗蟲樹的果實。

參可九11~13，引自瑪四5~6。

福音書作者謹慎地註明，約翰只是耶穌的開路先鋒。約翰的重要性不能遮蓋耶穌和耶穌傳道工作的重要性，約翰的工作只是為耶穌的工作做準備。因此，當有人懷疑他就是彌賽亞時，約翰立即為自己澄清：他是「用水施洗」，而那位將要來的彌賽亞則是「用聖靈和火施洗」(路三16)，表示屬上帝的能力和審判。

用聖靈和火施洗

「用水施洗」大概每一個人都會明白，但何為「用聖靈和火施洗」呢？後者一句中的「施洗」明顯要作寓意解，是指一種完全被充滿的感覺和經歷。接著的路加福音三章17

節提到，這施洗是帶有「潔淨和審判」的意思。因此，這裏的「聖靈和火」可以理解為「聖靈的火」(在希臘語，這樣的「A和B」結構的確可以解釋為「A的B」)。但要留意有些福音書(可一7～8和約一33)只提及「用聖靈」。我們可以這樣解釋「用聖靈施洗」：就如在水禮時，「水」充滿了受洗者的身體一樣，在這聖靈的洗，「聖靈」也充滿了受惠者；這句可以理解為：「這就是那將會差派聖靈、且充滿(你們)如水一般的那一位」。

施洗約翰所扮演的角色只是先鋒，與耶穌相比，他只是配角；在你所參與的事奉中，你的角色是甚麼？你喜歡擔此角色嗎？

約翰也公開批評像法利賽人和撒都該人那樣的宗教領袖。最後，他更因譴責希律的不道德行為，而被投入監獄。後來當約翰的門徒投訴耶穌和其門徒招攬的人比他們多時（約三23～30），約翰還重新強調這情況是必然會發生的，因為「他必定興旺，我卻必定衰微」(約三30)。

儘管約翰在獄中時，曾經對耶穌的彌賽亞身分有所疑惑(太十一2～6)，但耶穌對約翰事工的重要性沒有絲毫的懷疑：約翰的事工是新舊時代過渡的標誌；他是最大的先知，亦是猶太人所等候那位要宣告上帝降臨的先知以利亞：「我實在告訴你們，在人間沒有比約翰更偉大的人，但是在天國裏，最微小的一個都要比約翰偉大呢！……如果你們願意接受他們所說的預言，約翰就是那要來的以利亞了。」(太十一11～14)

施洗約翰與昆蘭羣體

有學者認為，施洗約翰在出來傳道以先，很可能屬於猶太曠野之昆蘭(Qumran)羣體中的一員。與其他昆蘭羣體中的成員一樣，約翰也有祭司血統，並深信上帝的審判近在眼前。這些昆蘭羣體成員皆反抗耶路撒冷與聖殿的宗教權威，並用水施行聖禮。先知以賽亞預言的「在曠野有人呼喊：為主準備他的道路，修直他要走的路徑！」(太三3；參賽四十3)不僅為昆蘭羣體成員久居曠野之行為提供了合理的依據，而且也豐富了福音書作者們對施洗約翰傳道事工的介紹。

雖然施洗約翰與昆蘭羣體的生活確實有很多相似的地方，但在最重要的信念上，卻與他們不同；施洗約翰明確地指出耶穌就是那要來的彌賽亞。此外，約翰的呼召(對世人悔改的呼召)是以猶太律法的本質與整體原則為基礎，而非建立在昆蘭羣體那種狹隘和小羣式的觀念上。另一點與昆蘭羣體不同，約翰並不看重種族與國籍等問題，他甚至接受羅馬軍兵為門徒。

4.2. 耶穌受洗、受試探 (太三13～四11；可一9～13；路三21～22，四1～13)

約翰傳道的時候，耶穌前來受洗(那時他年紀約是30歲)。約翰想要攔阻他，說應當是自己受耶穌的洗，但**耶穌堅持要接受約翰的洗禮**。在耶穌整個傳道生涯中，他都與那些他要拯救的人站在一起、與他們認同。因此，儘管他沒有罪，不用悔改，仍接受了約翰的洗禮。

留意約翰福音並沒有明確記載耶穌受洗一事，只強調聖靈降下的情景：「你看見聖靈降下來，……向你們證明他就是上帝的兒子。」(約一33～34)

對福音書作者來說，耶穌受洗最重要的意義是看到上帝公開地肯定他的事奉和身分。當耶穌從水裏上來時，「天為他開了」，並且「上帝的靈好像鴿子降下來，落在他身上」，同時，從天上有聲音說：「這是我親愛的兒子，我喜愛他。」(太三16～17)這句話並非暗示上帝有一些兒子不能討祂喜悅，而是要以一種很嚴肅和正式的表達方式，說明上帝和耶穌之間一種非常親切的關係。此外，聖靈的澆灌使人想起以色列和猶大最初幾位君王受膏時的情形。像這幾位君王一樣，耶穌受聖靈的膏抹，開始了對以色列人的

傳道職事。帶著上帝神聖的使命，耶穌開始公開傳道，他向民眾呼籲：「悔改吧，因為天國快實現了！」(太四17)

《和合本》所譯的「諸般的義」(太三15)其實是指「上帝對世人的要求」，《現修》翻成「實行上帝的要求」是較清楚的。

耶穌受洗表明上帝對他傳道的呼召，隨後的試探則顯示了他所處傳道環境的性質。耶穌受洗後不久，聖靈引導他來到曠野。耶穌在那裏禁食，為隨後的試探作好準備。耶穌所經歷的3個試探，象徵著他整個傳道生涯裏隨時要面對的敵對屬靈力量。

耶穌所面對的試探對今天的宗教領袖和事奉人員有甚麼提醒？在今日的社會，這幾方面的試探會以怎樣的形式出現？

撒但試探耶穌的方法，是引誘他選擇另一條道路，而不是父上帝指定的道路；但每一次，耶穌都用經上的話勝過試探，並且拒絕由撒但掌管一切。耶穌所受的試探既有來自經濟方面的、宗教方面的，亦有來自政治方面的，而且它們的反覆出現亦暗示了耶穌在世時不斷要面對的一種選擇：他應該以活出上帝給予他的使命為重，還是應該以使用其彌賽亞的權柄為重？耶穌將如何應付他所要面臨的政治壓力(約六15)？他將如何回應其批評者，甚至是與他很親近的跟隨者的種種要求(可八11、33)？他又將運用怎樣的權柄與耶路撒冷的眾領袖相抗衡(在耶穌眼中，他們皆是上帝之國的敵人；參太二十17～19)？當耶穌的生命即將被奪去時，他是否仍能堅信上帝對他隨時且全備的看顧(太二十六39)？

在面對試探時，你能否以聖經的話語來勝過它？難以實行的原因何在？

耶穌對上帝這種完全的信心，令希伯來書的作者情不自禁地以他作為榜樣，激勵那些對上帝之信心正遭受試煉的信徒們(來二18，四15～16)。像每一個人一樣，耶穌——作為一個真正的人——也會遭遇試探，只是他沒有屈服；他並且沒有用甚麼神蹟異能把魔鬼趕走，而是用上帝的話語戰勝，這對每一代的信徒是何等的鼓勵啊！

4.3. 耶穌呼召門徒和早期職事

耶穌所接觸的人中，大多數都是出身卑微的，而他的門徒是最明顯的例子。福音書沒有清楚記載每一個使徒被召的經過，被記載的，可能都是在初代教會(就是耶穌死後所成立的教會)顯赫有名的。今天，我們把「門徒」和「使徒」區分清楚，但在耶穌在世期間，這兩個名稱的分別並非很大。

4.3.1. 耶穌呼召門徒

(太四17～22；可一14～20；路五1～11、27～32；約一35～51)

耶穌受了洗禮和試探之後，開始他的公開傳道生涯。4卷福音書都不約而同地記載耶穌在職事之始就呼召了門徒，主要是在加利利省發生的。就好像其他有關耶穌的記載一樣，符類福音和約翰福音的記載是同中有異、異中有同的。

根據約翰福音，耶穌最初的兩個門徒都是從施洗約翰那裏轉投過來的，其中一個是安得烈，但**另一個則沒有交代其名字**(這應該發生在猶太省內，在伯大尼附近，參約一28～40)。之後，耶穌很快就加添了3個門徒(彼得、腓利和拿但業)，可能都是由安得烈引進來的，因為大家都是同鄉，而彼得更是安得烈的兄弟(這應該發生在加利利省內，參約一43)。

有說這人就是約翰，可能就是約翰福音的作者。

符類福音的記載卻沒有牽涉施洗約翰在內(太四18～22；可一16～20；路五1～11)，亦沒有交代他們來自何方，但卻頗為詳細地記載了他們被主呼召的經過。

安得烈和彼得正在加利利湖的湖邊撒網捕魚，耶穌呼召他們：「來跟從我，我要使你們成為得人的漁夫」。他們就立刻丟下漁網，跟隨

留意路加福音的記載較其他兩卷詳細。有認為，路加記載耶穌呼召門徒的事(五1～11)其實是另一次的呼召。

了耶穌。沿著海岸南行一小段距離後，耶穌又看見雅各和約翰兩兄弟，他們正和父親一起，在船上整理魚網。他們也是聽到耶穌的呼召之後，就跟從了耶穌。**符類福音強調的**是，當耶穌發出「跟從我」的呼召時，門徒表現出立即的回應；這是悔改的表現，也是耶穌以天國的名義，要求人們作出的回應，而約翰福音則強調門徒的宣認(參下文)。

如果說作門徒是終生的事，那麼門徒和福音書作者在不同的階段對呼召有不同的亮光和理解，也是自然不過的。事實上有很多時候，上帝對我們的呼召都是循序漸進的，祂會先讓我們經歷到回應這呼召的甘甜，然後才進一步向我們作出下一步的呼召。你有否這方面的經歷呢？

4卷福音書對耶穌呼召門徒的記載所涉及的人物和處境並不完全相同，呼召的事件有可能發生在耶穌生平中的不同時段，也有可能是各卷福音書從不同的角度和重點敍述事件之故。如屬前者，那麼是門徒曾經背棄對呼召的委身，後又重拾過來嗎？又或耶穌確實呼召了兩次？換言之，第一次是耶穌呼召他們作他的門徒，第二次要求他們放棄自己作漁民的職業，使他們成為「得人的漁夫」。無論如何，耶穌對其門徒的呼召應該不止於一次或一時。

在福音書有關耶穌呼召門徒的記載裏，最詳盡的要算是拿但業的蒙召了(約一45～51)。拿但業是腓力的朋友，後者在認識和跟從耶穌後，力勸拿但業要認識這位猶太人所等候的彌賽亞。然而拿但業卻有先入為主的偏見，否定了耶穌的身分。但耶穌並沒有因為拿但業的輕忽態度而放棄他，反而以其超越的能力，洞悉拿但業的敬虔心靈。有關耶穌與拿但業的交談，有幾點需要留意：

1. 「在無花果樹下」：「無花果樹」可能象徵「以色列」或「猶太民族」(何九10；亞三10)，因此，拿但業在無花果樹下可能是指他在思想有關信仰的問題；這句話可能暗示拿但業是屬於那些一直等候彌賽亞來臨的人。

❷「地道的以色列人(《和合本》譯作「真以色列人」)……詭詐」:「以色列」其實是「雅各」的名字(創三十二28),但雅各為人詭詐,一生要欺騙人(創二十七34～35),最終亦為人所騙。這裏可能指拿但業是一個脱胎換骨、「理想」的以色列人。

拿但業輕視拿撒勒城,並非因為這鄉村有令人生厭的內在因素,而是因她那種毫無特色的平庸;拿撒勒本是個藉藉無名的小鎮。

❸「你們要……人子身上」:引自創世記二十八章12節的希臘文《七十士譯本》,作者把原來經文中連接天上和人間的「梯子」,換成「人子」(指耶穌基督),是要指出耶穌要成為上帝與人之間的中保。

約翰福音之所以詳述拿但業被呼召的經過,是要帶出耶穌真正的身分。拿但業對耶穌的宣認:「你是上帝的兒子;你是以色列的君王!」反映濃厚的猶太人意識;在舊約時代,人們往往把君王比作上帝的兒子(參撒下七14;詩二7,八十九26)。然而,這話就剛好與耶穌的話成為對比,耶穌不單是以色列人的王,還是上帝與人之間的中保;在約翰福音裏,「人子」要成為天上與人間的橋樑,上帝與人之間的中保(三13,五26～27,六62)。

4.3.2. 揀選十二使徒 (太十2～4;可三14～19;路六13～16)

「使徒」一詞出自希臘語,意為「差派」;在意思上,這字與「傳教士」(英文為missionary)一詞非常相近。使徒是指奉差派具有特殊使命的人(路六14～16)。十二使徒是耶穌所揀選任命的使者。在保羅的書信裏,「使徒」一詞已經成為了一個專有和技術性的名詞,是特別指那些緊密和主一起、而又領受使命和職責的人,有別於一般的「門徒」。

在那些加入成為耶穌門徒的人中，耶穌起初並沒有即時指定他們之中誰是使徒，但是對於設立十二使徒這事，他大概早已心裏有數。在有關耶穌門徒的記載裏，值得我們注意的有幾點：第一，福音書並沒有記載所有門徒被召的情況；第二，在眾多的跟從者裏，「十二」門徒是特別重要的，其中有幾位更是核心的人物；第三，幾卷福音書裏的門徒名單都不盡相同。

耶穌的其他門徒

馬可福音九章38節記載，使徒約翰以為他們這些經常陪伴在耶穌身邊的才是耶穌的門徒，於是向耶穌抱怨有人奉耶穌的名趕鬼。這反映門徒的狹隘思想。今天，你會認為你所屬的宗派較別人的更勝一籌嗎？

福音書沒有記載每個門徒被呼召的詳情，這並不難理解。似乎福音書要我們注目的，是呼召人的主，而不是被呼召的人。誠然，每個人都是獨特的，所以他／她的蒙召都必定有自己的故事。可是福音書卻將焦點放在耶穌身上，無論是符類福音裏的雅各、約翰兩兄弟和彼得，還是約翰福音裏的拿但業，福音書的重點是他們被呼召之後成為怎樣的人，而不是他們曾經是怎樣的人。按此寫作的原則，我們不難理解為甚麼福音書並沒有收錄所有門徒被召的經過，而被記載在其中的，極可能是教會命脈傳承的根源所在。

儘管我們不曾從福音書裏讀到其他門徒被召的記載，我們卻很清楚知道耶穌有其他的跟從者，其中包括了一些猶太人領袖、財主(太八19，二十七57)和婦女。婦女是耶穌極其重要的門徒——如此高度地肯定婦女的地位，在當時的社會中是不尋常的。一些婦女沿途跟隨耶穌，並且隨他進耶路撒冷，親眼看見他被釘死在十字架上，甚至是第一批發現空墳墓的人。路加亦提到，有一羣婦女一直跟隨耶穌和十二門徒，在財物上支援他們(路八1～3)。

在跟隨耶穌的人中，有些起初可能只想從耶穌身上得著某些物質上的好處（約六26），又或希望耶穌的組織能提高他們在猶太人羣體中的地位。然而，對耶穌來說，門徒要付出的代價是更大的。耶穌呼召他們要放棄他們的家庭，財產和經濟上的聯繫，加入耶穌的巡迴傳道工作；他們要把這門徒的身分放在生命的第一位。耶穌要求門徒要有這樣的態度，已經超越老師與一般學生之間的普通關係，也賦予「門徒」這個稱呼新的意義（可八34～38，十28～31），就是要他們委身於耶穌的事業，走他走過的路（可十32～45；約十二24～26）。

你認為今天的「基督徒」與耶穌時代的「門徒」所付出的代價有何分別？

門徒

與今天的社會相比，「門徒」的制度在古代社會要普遍多了。至於負責解釋上帝啟示的圈子（或職業）中，如先知（賽八16）、飽學之士、經學專家（拉七章）以及教師（箴一章），舊約聖經均有記載其中「老師與門徒」的關係。有時門徒必須緊緊跟隨老師，因為他們所學習的，不單單是在知識方面，還有老師的價值觀、處事方法等。這種緊密的關係在希臘和羅馬社會的文化圈子中非常普遍，在耶穌的時代，猶太教亦吸收了這種教授和學習模式。

在猶太教的各個派系中，每一個派別都有各自的門徒。福音書提到有法利賽人的門徒，施洗約翰的門徒，摩西的門徒，就是反映了這種情形（可二18；約九28）。耶穌對門徒的教訓當然是別具一格，但他強調門徒必須脫離今生物質的牽引（太六19～34）及以遊士的方式傳道和生活，與當時流行於一些知識分子中的犬儒學派（Cynicism；起源於公元前4世紀）有些相似。犬儒學派認為，按著自然和美德生活才是最正確的人生哲學。而因為自然是與生俱來、每個人內在都有的素質，所以人的生活實在不需要依賴外在的物質條件和習俗規條。

耶穌的十二使徒

你可以體會耶穌接納罪人的心腸嗎？今日是否有任何人是你不願意接納的呢？向主求幫助吧！

福音書特別記載某幾位門徒的蒙召經過，他們不一定是最先成為耶穌門徒的人，福音書作者如此取捨，大概是因為這幾位門徒日後都成為十二使徒成員，以及是早期教會重要的領袖之故。除以上提及的幾位外，馬太福音還記載了馬太蒙召的經過(九9～13)。馬太又名利未，是位稅棍，因為職業的緣故，他必定受當時猶太人的蔑視；留意符類福音均把「稅棍」與「罪人」一概而論。然而，耶穌依然愛他，並且要呼召他為這福音作見證。有認為馬太蒙召的記載是與馬太福音的作者有關，無論是否屬實，這故事很重要的意義是帶出耶穌呼召的原則：「我來的目的不是要召好人，而是要召壞人。」

耶穌所召的門徒職業廣泛，性格各異，背景複雜。在各個方面，這些門徒都與我們一樣，非常普通。然而，經過耶穌一整夜的祈禱(路六12)之後，他們被選入了耶穌的核心圈子；後來耶穌還賜給他們權力，可驅趕邪靈，醫治疾病。十二使徒在耶穌公開傳道的年日，都與耶穌在一起。雖然耶穌還有其他的追隨者，但是沒有人像十二使徒一樣，與耶穌保持如此親密的關係。約翰福音並沒有提及耶穌揀選十二使徒這事，反之，作者給人一個感覺，似乎這個核心團體的組成是在自然淘汰之下產生的：耶穌的教導很難理解，導致「跟從他的人當中有好些人退出，不再跟他一道」(約六60、66～68)。

這些使徒是否另有一種特別的使命？福音書沒有清楚交代，但在馬太福音，承接耶穌揀選十二使徒之後，記載了耶穌給他們的指示(十5～42)，其中包括：他們憑耶穌所賜的權柄，奉差遣去擴展耶穌的工作、傳揚天國的福音、醫治疾病以及趕鬼，完全憑著他們對上帝的信心及他人的好客款待來維持生計。他們要先在以色列家傳福音，後來卻要到外邦人當中(十18)，這可導致家庭、宗族對他們的逼迫(十21)。一般學者認為，這番話並非指著耶穌時代的使徒而言，而是反映出馬太福音作者所屬的羣體對當時教會使命的理解。

在12個門徒裏，似乎**有幾位是特別核心的**——雅各、彼得和約翰(有時還包括安得烈)；在一些場合，耶穌單獨與他們幾個一起，教導他們。我們無法知道他們為甚麼似乎比其他人與耶穌更接近，但我們可以肯定説，這並不是因為他們特別出色或屬靈。彼得後來3次不認主是我們耳熟能詳的故事，而雅各和約翰兩兄弟，也並不明白上帝國的真義是甚麼(太二十20～28；路九51～56)。然而重要的是，無論他們是怎樣的門徒，耶穌還是和他們一起。值得我們注意的是，他們後來都成為教會裏重要的見證人。

例如，耶穌到葉魯的家中(可五37)、登山變像(可九2)，對耶路撒冷的預言(可十三3～4)，並且在客西馬尼園中，他們都與耶穌在一起(可十四33)。

十二使徒的名錄

雖然「十二」使徒有這樣的重要性，有趣的是，**3卷符類福音書裏的使徒名單卻不全然相同**。這個現象固然反映3位福音書作者採用不同的資料來源(比較馬太和馬可兩者較為相近，與路加則較為不同)，亦再次暗示，除了幾個核心使徒以外，福音書作者並沒有特別關注其他門徒，以致沒有提供詳細記錄。此外，這亦可能基於同一個人有不同的名字所致。我們不要忘記，除了幾個特別的人物外，**其餘的人的名字也可能由於不同的教會傳統而有些微分別。**

除了那出賣耶穌的加略人猶大外，路加福音與使徒行傳的名單是相符的，雖然次序不一致。

在基督教的傳統中，有認為約翰福音中提及的拿但業，就是符類福音中的巴多羅買。至於路加福音提及的「猶大（雅各的兒子）」，一般認為就是馬太和馬可福音中的「達太」。

馬太福音10.2～4	馬可福音3.14～19	路加福音6.13～16
西門，又名彼得	西門，又名彼得	西門，又名彼得
安得烈（彼得的弟弟）	雅各（西庇太的兒子），又名半尼其	安得烈（彼得的弟弟）
雅各（西庇太的兒子）	約翰（西庇太的兒子），又名半尼其	雅各
約翰（西庇太的兒子）	安得烈	約翰
腓力	腓力	腓力
巴多羅買	巴多羅買	巴多羅買
多馬	馬太	馬太
馬太（稅棍）	多馬	多馬
雅各（亞勒腓的兒子）	雅各（亞勒腓的兒子）	雅各（亞勒腓的兒子）
達太	達太	西門（屬於激進黨）
西門（屬於激進黨）	西門（屬於激進黨）	猶大（雅各的兒子）
加略人猶大	加略人猶大	加略人猶大

使徒的數目

福音書沒有明確記載為甚麼耶穌選召了「十二」個門徒，不是11個，也不是13個，或者其他數目。初代基督教教會顯然認為這個數目具「完整」的意思，因此，在出賣耶穌的使徒猶大去世後，他們感到有必要另選一名補充（即馬提亞），取替猶大的位置。就如以色列人的十二支派，是代表屬於上帝的羣體，耶穌把這12個人作為新以色列民族的核心；馬太福音更明確把耶穌的十二使徒和以色列民族的十二支派相提並論（太十九28）。約翰在描寫新耶路撒冷的景象時寫道「有高大的城牆；城牆有十二個門，由十二個天使把守著，門上寫著以色列十二個支族的名字」，「城牆建立在十二塊基石上，基石上寫著羔羊的十二個使徒的名字」（啟二十一12、

14）。簡言之，「十二」這個數字表達了舊約中上帝的選民和新約的教會之間象徵性的關係。

4.3.3. 耶穌的早期職事 （太四23～25；可一29～39；路四40～41、44）

這時段可能屬於耶穌在加利利傳道的初期。我們以馬可福音和路加福音的記載為主；馬太福音和約翰福音有關這段日子的記載並不多（詳見本書第五章）。

福音書作者既不能夠記載耶穌的每一件事蹟，於是就不時採用一些概要作整體性的描述。概要是以主題編排的，偏重發生的地點，而非時序，因此發生於不同時段的事情也可能編在一起。

在這三兩章經文的篇幅當中，福音書作者在多處地方以總結方式來**概述耶穌的工作**，前面提過的馬可福音一章32至34節已是一例，但最明顯的是馬太福音四章23至25節（可一39；路四44），大概因為馬太並沒有花很多篇幅記載耶穌在加利利初期傳道的日子，所以他的概述特別長：

> 耶穌走遍加利利全境，在各地方的會堂裏教訓人，宣講天國的福音，治好民間各樣的疾病。他的名聲傳遍了敍利亞，因此那裏的居民把患各種疾病、受各樣痛苦的人：例如被鬼附身的、癲癇的、癱瘓的，都帶到他跟前來，他一一治好了他們。成羣的人從加利利、十邑、耶路撒冷、猶太、和約旦河對岸一帶來跟隨他。

按符類福音記載，耶穌早期是以加利利一帶為事工的基地。在加利利湖北面的迦百農城，耶穌經常到會堂教訓眾人。但有一次，他非常被人受落，人們深深受到他講道的權柄所感染。為強調這種權柄，馬可還特地記載了一件事，就是耶穌在會堂裏，把污鬼從一個男人身上趕走。馬

倘若耶穌繼續停留在迦百農，他必定非常成功，但他卻情願離去；從耶穌的身上可否看見他如何處理被人推崇的誘惑？

可這樣描述眾人的反應：「這是怎麼一回事？真是聞所未聞的道理！他居然有權柄指揮污靈，而污靈也服從他！」(可一27) 此外，耶穌又醫治了彼得的岳母(可一29～31；路四38～39；太八14～15)和許多患了各樣病的人。耶穌大概在迦百農城居住了一段短時間，而在這段日子裏，每到傍晚，很多人都帶病人和鬼附的給耶穌醫治(可一32～34；路四40～41；太八16～17)。

你會否因為所事奉的崗位令你沉醉於成功之中，而忘記了更重要的使命呢？

然而，耶穌沒有陶醉在羣眾的推舉和歡呼聲中，而是退到曠野去安靜、禱告。耶穌知道自己不能沉醉於這種短暫的成功之中，於是他繼續上路，到別的城鎮傳上帝國的福音。

溫習問題

1. 施洗約翰如何證明自己是耶穌的先鋒？
2. 施洗約翰與「昆蘭羣體」有何相異與相同之處？
3. 試解釋「用聖靈和火施洗」的意義。
4. 耶穌因何堅持要接受施洗約翰的洗禮？
5. 在耶穌受洗的這個情境中，你可見到「三一上帝」的3個位格嗎？洗禮之後，上帝向眾人發出一個宣告，你認為目的何在？
6. 從耶穌與撒但那簡短的對答中，你認為耶穌所面對的3個試探，代表了哪3種他將要經常面對的試探？它們如何反覆地出現在耶穌的生平中？
7. 耶穌在面對試探時，並沒有使用任何神蹟，反而用上帝的話語來解決困局，這反映出一個甚麼真理教導？
8. 試概述耶穌是如何呼召安得烈、彼得和拿但業。
9. 除十二使徒之外，聖經作者也有記載耶穌其他的門徒，他們與耶穌的關係是怎樣的？
10. 從耶穌所揀選十二使徒中，他們的背景有何近似的地方？能否從而看出耶穌揀選門徒的原則？

第五章

耶穌開始公開傳道

- 耶穌與親屬鄉里的關係
- 耶穌與猶太人領袖的接觸
- 耶穌與外邦人的接觸

約翰福音在五章、七章至十章和十二章都記錄了耶穌在耶路撒冷的職事。馬太記載耶穌在耶路撒冷的工作是在二十一章以後，馬可福音是十一章以後，而路加福音則是十九章以後。

在這一章我們將要探討耶穌早期在加利利的公開職事。從福音書的記載所見，不同的福音書對耶穌公開傳道初期的記載也不一。在符類福音的記載裏，**耶穌似乎只到過耶路撒冷一次**，而且為期頗短，大概只有幾個星期。相對之下，約翰福音早於二章13節就記載耶穌在耶路撒冷的職事。

從約翰福音和符類福音的差別可見，要從4卷福音書整理出耶穌的生平，並不是容易的事情。不過，符類福音和約翰福音同樣都將耶穌的職事放在兩個主要地點：加利利和猶太的耶路撒冷。所以，無論耶穌是在職事的早期往耶路撒冷，還是到後期才去，我們以這兩個地點作為理解耶穌職事的根據和架構，應該是合理的。此外，我們以加利利的職事開始探討，主要因為耶穌呼召門徒和他早期的職事，應該都是在加利利一帶發生的。

又翻成「低加波利」或「十城邑」，因為這是由10座有相當自治權的城所組成的地域。

在耶穌的時代，巴勒斯坦地被羅馬統治者劃為數個行政區。約旦河西，北有加利利、撒馬利亞和南面的猶太。約旦河以東往北為大希律的兒子腓力管轄的數個小地區。另一區為遼闊的**低加坡里**。再往南是比利亞省，她與加利利同為希律安提帕的封地。

可能由於加利利一帶都被外邦人的城邑圍繞著，例如西北面有腓尼基，北邊有敍利亞，東邊為約旦河谷和加利利湖，而加利利境內的居民有不少是非猶太人（太四13～16），所以宗教氣氛沒有猶太省的保守。我們所熟悉的加利利湖其實是個中型的內陸湖，約20公里寬、12公里長，為此地提供了豐富的漁產；湖的西北面為物產豐富的革尼撒勒平原，全年盛產蔬果；可能由於這平原的緣故，路加喜歡稱這湖為「革尼撒勒湖」(路五1)；而約翰則稱之為提比哩亞湖（約二十一1），可能由於它旁邊有一個小鎮稱為提比哩亞。

加利利省是耶穌傳道生涯中常到的地方，亦是耶穌成長的地方；拿撒勒城就是屬於加利利省的。事實上，在符類福音的記載中，耶穌的活動大多數是在加利利省進行的，而約翰福音則記載，期間耶穌數次訪問了耶路撒冷。按本書附錄一「耶穌生平大綱」的分類，發生在這期間(段落五至八)的事蹟共70多件(把馬太福音的「山上寶訓」和路加福音的「平原講道」，各視為一件)。要把這些事蹟按時間排序是不可能的，大概這也不是福音書作者的原意，亦不是早期基督徒的想法；明顯的，大家的關注是在事件的本質多過事件的時序。

以下討論的目的只是要概述所發生的事情，討論的次序並非反映事件發生的先後次序。為方便討論，我們將這些事件分為3個段落。

5.1. 耶穌與親屬鄉里的關係

衣錦還鄉本應該是好的，但耶穌在拿撒勒的遭遇卻不甚如意，這反映同鄉瞧不起耶穌。可是，不了解耶穌的不單單是一般同鄉，還有耶穌的母親馬利亞。

5.1.1. 耶穌在家鄉拿撒勒 (路四14～30；可六1～6)

耶穌是一個頗受歡迎的傳道者和醫治者，出道不久，他就已經擁有了相當多的追隨者。耶穌傳道的早期就回到了家鄉拿撒勒，並**在城中一所會堂崇拜**(路四14～43)。會堂誦讀聖經是按一定的編排的，而這一個安息日，正好讀到先知以賽亞的書。有人把聖經遞給耶穌誦讀時，他找到一處寫著：「主的靈臨到我，因為他揀選了我，要我向貧窮人傳佳音。他差遣我宣告：被擄的，得釋放；失明的，得光明；受欺壓的，得自由；並宣告主拯救他子民的恩年。」(路四18～19；參賽六十一1～2)

當時的會堂有例行的教導時間，並常邀請訪客進行演講。耶穌應該是用希伯來語誦讀聖經(但平常講話則用亞蘭語)，但路加卻引用希臘文的《七十士譯本》經文，再一次顯示路加對外邦人的關注。當時的聖經和一般文獻都是卷軸式的(20節)。

或許正是由於這種毫無特色的平庸，使拿但業在首次接觸耶穌時會有如此反應：「拿撒勒會出甚麼好的嗎？」(約一46)

拿撒勒是一個名不經傳的小鄉村，既缺乏文化內涵又無任何政治背景可言，如今有一位風雲人物到訪(留意路加在第四章的開首已經特別強調耶穌有很好的名聲)，又誦讀這番令人甚為安慰的經文，因此，耶穌準備講解所讀經文之時，眾人的眼睛都盯著他。然後，耶穌宣告說：「今天，你們所聽見的這段經文已經應驗了。」這番宣告的含意是：耶穌要落實禧年這理想。

禧年

耶穌所誦讀的經文是出自以賽亞書六十一章1至2節，但經文的背景是有關律法中的「禧年」，又稱「自由年」(利二十五8～17、23～55)；留意經文中的「恩年」實指「禧年」。在這每50年一次的禧年，以色列人之間所欠的債項都要一筆勾銷，所有已被賣掉的產業要歸回原主或其子孫，而奴隸亦要獲得自由。禧年背後的精神是：上主要人復原最初祂所安排的面貌，人是自由的、沒有欠債、各自有土地可耕種，因為萬物的主宰是耶和華。雖然這觀念的神學意義深遠：公義和公正的社會是上主對

人類生活的理想，但從經濟活動的角度來說，這觀念卻是不切實際的，因此，舊約聖經從沒有提及以色列人曾履行禧年的要求。

你認為禧年的要求真的不可能在現世實行嗎？我們可以怎樣身體力行，將禧年的精神實現於人間？

以賽亞書是一本既充滿指斥和審判（一～三十九章），但亦並兼安慰和救贖的書（四十～六十六章）。耶穌所引用的一段經文，是原來的作者特別向那些從巴比倫被擄回歸的人發出的安慰：「被擄的，得釋放；失明的，得光明；受欺壓的，得自由」。然而，理想未能實現，因為百姓仍然是被壓迫的一羣。所以，從路加的角度，以賽亞所指的一定是還未來到的「彌賽亞的日子」。

耶穌藉著這段經文所宣布的禧年，並非是指物質生活方面，而是指與上帝的關係方面，是屬靈的禧年。在這新約的禧年，得益者不單單是以色列民，而是所有人。路加要說明，耶穌的來臨正是這「彌賽亞的日子」的開展。

倘若耶穌是大財主，要在這小城鎮落實禧年的理想，或許還可以。但他們發現耶穌原來只是同鄉中木匠約瑟的兒子，他們心裏便對剛才認為是權威性的宣講產生了反感，認為耶穌大言不慚——一位木匠的兒子如何能落實禧年呢？原初對這位先生（和他的跟隨者）的好感頓時變成一種鄙視；他們話中的意思大概是：「你幫幫忙吧！你在迦百農做過的事，行在你的故鄉裏就已經足夠啦！不要口氣那麼大嘛。」

「先知在自己的家鄉是從不受人歡迎的」，你有否這方面的經歷呢？

有見及此，耶穌於是講到以利亞和以利沙的事蹟：由於猶太人的不信從，加上先知在自己的家鄉不易被接納，所以以利亞奉差到外邦居住（王上十七1～16）；同樣，以利沙並沒有醫治好以色列中的痲瘋病人，卻只醫好一名外邦人，而且是當時以色列人的敵國中的官長（王下五1～14）。耶穌引述以利亞和以利沙這兩個個案，一方面要帶出審判的含意，就是耶和華要離棄以色列人；另一方面，亦帶出「禧年」的真正意義，得益者不單單是以色列人，還包括外邦人。

羣眾明白到他是在談論他們自己，因此便憤怒起來。他們把耶穌趕出會堂，還試圖把他推下懸崖，但耶穌卻從人羣中間穿過，繼續走自己的路去了。他的逃脱也許是一個神蹟，也許他只是簡單地離開人羣，擺脱麻煩。

5.1.2. 耶穌在迦拿的婚宴 (約二1～11)

在符類福音裏，耶穌的親屬未能因耶穌披露了自己的身分和所做的事而接納他，而約翰福音則以另一個角度表達耶穌的身分和親屬對他的理解(二1～11，七1～9)。

約翰很清楚指出事情發生的背景(約二1～11)，是耶穌的母親、親屬(參二12)和門徒也有出席的宴會。婚宴上，酒用完了，耶穌的母親馬利亞要求耶穌解決這問題。假如閱讀《和合本》聖經，耶穌的回答似乎頗為無禮，但這只是翻譯用詞上給我們的錯覺；《現修》的譯文就完全沒有這含意：「母親，請別勉強我做甚麼，我的時刻還沒有到呢。」這確實更能表達原文的意思(參約十九27，耶穌用同一個字來稱呼他的母親)。此外，在這個表面看似無禮的回答裏，實在蘊含更深的神學意義。

從敘事本身的發展看，迦拿變酒事件的中心完全在於耶穌的主權。耶穌説：「『我』的時刻還沒有到」，他並沒有説：「『我們』的時刻還沒有到」。在約翰敘事裏，「時刻」是一個極其重要的主題，是單單應用在耶穌職事(特別是釘十架)之上的(七30，八20，十二23、27，十三1，十七1)。耶穌那看似兀突的回答，旨在清楚表達，除了上帝的旨意(五30，八29)，耶穌職事的主權不受制於任何人，包括他的母親馬利亞。再者，約翰福音的序言已交代，耶穌是宇宙被造以前就與上帝同在的道。雖説道成了人，但耶穌是從上帝而來，並不是從馬利亞而來。對此，馬利亞毫不猶豫地認同。她接著對僕人説的話，就充分表達她明白主權不在於她：「他要你們做甚麼，就照他的話做。」

耶穌時代的婚禮

在耶穌時代，預備婚禮並不比現在容易。新娘和新郎身穿精心製作的禮服。親朋好友和擊鼓彈琴的藝人陪著新郎，穿過鎮上的街道來到新娘家裏，接走新娘一家人，沿途唱歌跳舞，雙方的親朋好友不斷加入這隊伍。婚禮當晚，新郎為客人預備晚宴。通常，婚禮的慶祝活動要持續一到兩週。難怪酒會用完。通常情況下，人們都是先拿好酒款待客人，等客人喝得味覺遲鈍以後，才奉上較便宜的酒。

耶穌告訴僕人用水裝滿6個**石缸**。缸裏裝滿水後，耶穌叫僕人從缸裏取點水給**管宴席的**送去。此時的水已經變成了酒，並且管宴席的認定這種酒優於先前喝的酒。約翰福音説這個神蹟顯出耶穌的「榮耀」，而他的門徒也信了他。約翰福音所説的榮耀，自然不是變戲法的榮耀。這個神蹟的焦點並不是在於酒，而是在於猶太信仰裏，酒和婚宴所代表的意義——彌賽亞宴席。有些猶太人認為，彌賽亞來臨時，他會與他的子民為擊敗以色列的敵人而慶祝。

猶太人以水潔淨的儀節，參可七3～4。使用石缸(每個可容20～30加侖)的原因可能為要避免觸及利未記的潔淨規條(參利十一33)。一般猶太家庭只需一個石缸供潔淨用，此處石缸的數目，可顯示參與婚禮的人眾多。

類似於現代婚禮上的司儀。

耶穌向世界的公開職事以婚宴作起始點是極有意義的，因為不少舊約經文都是以婚宴的盛宴表達彌賽亞國度的歡愉和喜樂(何二19～20，十四7；賽二十五6～8；摩九13～14)。雖然耶穌只是被邀請到婚宴，但他卻是敍事裏的主角。固然敍事的高潮在於耶穌與母親的對話，但其中的焦點卻在於耶穌將水變成的酒，是「留到現在」最好的酒（二10）。對熟悉猶太文化的讀者而言，這段敍事讓他們在一個平凡和普通的婚宴中，瞥見那為上帝國度宴席帶來歡樂的彌賽亞。這個彌賽亞是舊約經卷對上帝國盼望的所在，是一位成全甚至超越了猶太儀節的彌賽亞。原用作潔淨和禮儀的水（6個石缸的水），已經因為這位彌賽亞變成慶典歡愉的酒了。所以，榮耀的耶穌並非無中生有的魔法師，而是猶太人引頸佇候的彌賽亞。

你對基督信仰的態度，會否也是反反覆覆呢？能夠看到其中的原因嗎？

然而，和他一起的親友、門徒對耶穌所行的有甚麼反應呢？雖然約翰福音清楚指出，「他的門徒都信了他」（二11），不過，從門徒往後的表現可知，門徒這裏的「信」並不一定是完全成熟的「信」（參約六60、66～68）。正如門徒蒙召並不是一天兩日的事，「信」又何嘗是一時兩刻的決定呢？認識耶穌和跟從耶穌是一輩子的事情。無論是路加福音的一大網魚，還是約翰福音的水變酒，一刻的經歷並不能保證甚麼，即使是耶穌的親屬或鄰里，除非在個人的生命裏有所體會和領悟，否則任何經歷也不能對信仰有甚麼幫助。

符類福音還記載耶穌的家人說耶穌「發瘋了」（可三21）。

耶穌的親人又如何呢？雖然在耶穌把水變酒這神蹟上，約翰福音作者並沒有記載耶穌的親人的反應，但**從其他經文**（約七1～9）推測，作者在這裏的沉默可能暗示他們對耶穌的作為有所保留。整體上，除了馬利亞之外，耶穌的親屬對他所作的並不以為然。不過，留意在使徒行傳裏，在耶穌死後不久，當我們再讀到關於耶穌兄弟的經文時（徒一14），他們已經成為教會的中堅分子，而其中一位，雅各，更成為耶路撒冷教會和耶城裏極受人尊敬和有影響力的領袖（徒十二17，十五13），最後甚至殉道而死。

我們不知道他們何時歸信福音，但毫無疑問，上帝在他們對耶穌的敵視態度中，播下福音的種子。

你在親人朋友面前的見證是重要的，不要放棄；上帝的時候到了，他們的心門便會打開。

有沒有發現到向家人作見證是一件相當困難的事？你如何堅持向他們傳福音？

5.2. 耶穌與猶太人領袖接觸 (約二13～三36)

始於公開職事的時候，耶穌已經與猶太人領袖有所接觸。約翰福音傾向將耶穌與猶太人的接觸集中在耶路撒冷，而在符類福音裏，耶穌與猶太人的接觸則並不止於耶路撒冷。這許多的接觸見證了猶太人對耶穌的不同態度。

在這初段時期，約翰福音作者記載了兩次耶穌開始與猶太人領袖接觸的經過。雖然兩件事情發生在不同地區(和時段)，但作者卻將之放在一起，成為強烈的對比。

參《現修》在二章18節的翻譯：「你能顯甚麼神蹟給我們看，好證明你有權做這事呢？」這翻譯較《和合本》來得清楚。猶太人領袖要挑戰耶穌，叫他證明他的權柄；耶穌說，他神性的身分就是最好的明證，而這一點可以從他的「死而復活」證明出來。

第一件事是潔淨聖殿(約二13～16)。聖殿本是作為禱告之處，那些把聖殿變成市場、兌換銀錢的人激怒了耶穌。耶穌因此把他們驅逐出去，推翻他們的桌子，藉著這個關注真正敬拜的行動，耶穌表明了他傳道的主要目的。符類福音把這事件安排在耶穌受審之前、他即將完成使命之時，表示這個行動引起了反對者們的敵意，他們最終殺害了他。而約翰福音則把這件事安排在早期，預先透露了耶穌的死和復活(二19～22)。同時也強調，耶穌的死並不是由潔淨聖殿引起的，因為往後耶穌的職事還有兩年多的時間。

如果符類福音的記載讓人感到耶穌潔淨聖殿的後果，是猶太人將他處置、除滅，那麼約翰就要告訴我們，耶穌的死並不是惡人的奸計得逞，而是耶穌自願犧牲，是上帝無條件的愛之彰顯：

> 上帝那麼愛世人，甚至賜下他的獨子，要使所有信他的人不致滅亡，反得永恆的生命。因為上帝差遣他的兒子到世上來，不是要定世人的罪，而是要藉著他來拯救世人。(約三16～17)

耶穌在耶路撒冷的職事，引起了不同的反應(約二23～25)，有人接受，也有人拒絕，就好像耶穌(及後來的使徒)向異族人傳道一樣。在那些對耶穌的職事產生興趣的猶太人裏，有一個猶太人的官長，名叫尼哥德慕(三1～21)。約翰福音記述耶穌和尼哥德慕的對談，也許見證了當時某些猶太人領袖對耶穌的觀感。換言之，尼哥德慕是某些猶太人領袖的代表。

在充滿神學意味和深邃的對話裏，尼哥德慕似乎是站在耶穌這方的。在耶穌被釘十字架以後，他亦挺身而出，幫助照料耶穌的身體(約十九39；另參七50)。絕大多數法利賽人都抵擋耶穌的教訓，但尼哥德慕卻勇敢地贊同耶穌。

我們可以肯定地說，耶穌與部分猶太人領袖應該有良好關係。約翰福音以尼哥德慕為代表，而符類福音則以路加福音裏耶穌在法利賽人家坐席的記述(例如七36～50)最具代表性。我們要知道，古時「一同坐席」表示接納、親和並認同對方(路十五1～2)。我們當然不會忘記耶穌所講的許多比喻中，不少提及「與忠僕、聰明童女一同坐席」等等的景象。儘管在路加的記載裏仍然顯露出有猶太人企圖找耶穌的麻煩(如十四1)，但我們不能以偏概全，否定有猶太人領袖善意地邀請耶穌到他們家裏與他們坐席這個事實。

最後，所有的福音書都異口同聲地報道，耶穌死後有猶太人領袖要求照顧耶穌的屍體（可十五42～47；太二十七57～61；路二十三50～56；約十九38～42）。我們的結論是，雖然耶穌在世的職事招惹許多猶太人領袖的不滿和非議，但我們必須承認在當時的猶太人領袖中，也有同情、甚至相信耶穌的。至於反對及後來迫害耶穌的猶太人領袖，我們將於耶穌在耶路撒冷職事的部分再作探討。

重生

耶穌和猶太拉比尼哥德慕的對話，是約翰福音獨有的記載；其中出現的一些詞彙，如「重生」、「從水和聖靈生」等亦成為今天教會中很常用的字眼。這段經文的重要性，是藉著耶穌和尼哥德慕的對話，突顯基督信仰與猶太教信仰的分歧。

耶穌和尼哥德慕對信仰理解的歧異在於「人怎樣才可以成為上帝國的子民」。作為一個猶太人，尼哥德慕當然以為上帝的子民就是亞伯拉罕的子孫、領受摩西律法的以色列人。但耶穌向尼哥德慕指出，人並不是靠著血脈和遺傳成為上帝的子民，而是「重生」、「從水和聖靈生」。這與約翰福音的序言是相互呼應的：「凡接受他的，就是信他的人，他就賜給他們特權作上帝的兒女。這樣的人不是由血統關係，不是由人的性慾，也不是由男人的意願生的，而是由上帝生的。」（一12～13）

約翰福音裏的耶穌以幾個角度演繹這種新生命的由來。表面看來，「從水和聖靈」似乎是指水禮、甚至特別的信仰（聖靈）經歷，這也是一些教父或宗派的解釋。不過我們必須從約翰福音本身的脈絡了解其中的意義。在約翰福音裏，耶穌是活水（四、七章），而聖靈是接續和承繼耶穌工作的保惠師（十四～十六章）。換言之，「從水和聖靈」而生就是從另一個角度講從耶穌而來的新生命。這正是全卷福音書的目的所在：「要你們信耶穌是基督，是上帝的兒子，並且要你們因信他而獲得生命。」（二十31）

希臘文的「重」和「從上而」都是同一個前置詞，這顯然是一個相關語用法。明白的人自然有所頓悟，執迷的人則仍然糾纏而無所領會。

由此看來，耶穌所說的「**重生**」並不是尼哥德慕所理解的「再一次降生」(born again)，而是「從上而生」(born frɔm above)。這是整卷約翰福音的一個重要主題，在上的生命和在下的生命的對北，一如光與暗、生與死。尼哥德慕的誤解固然可能是出於不明所以，於是就以自然的生命延續現象來理解。但尼哥德慕的反應也是基於僵化的信仰，只見「重」而不見「從上而」。這種僵化的信仰見諸僅僅糾纏在固有的傳統和遺傳(地上)，而沒有向上帝的啟迪開放(天上)。例如：

- 耶穌的潔淨聖殿原指其身體而言，而猶太人卻以為聖殿建築物(二13～21)；
- 耶穌在安息日治癒病了38年的人，但猶太人只著眼耶穌犯了安息日不能作工的條例(五1～18)；
- 猶太人對耶穌自稱為「從天上來的糧」議論，因為他們自以為知道耶穌的父母，所以說：「他如今怎麼說『我是從天上來的』呢？」當耶穌向猶太人提及亞伯拉罕的時候，猶太人說：「你還沒有五十歲，豈見過亞伯拉罕呢？」耶穌說：「我實實在在的告訴你們，還沒有亞伯拉罕就有了我。」於是他們拿石頭要打他⋯⋯。

猶太人以宗教傳統取代了上帝活潑的真理，以致不能辨認永生上帝的作為。你有沒有類似的經驗呢？

這些例子都說明約翰福音裏不少猶太人只著重眼前和熟悉的遺傳，忽略了上帝的介入和工作。

對後世的猶太人而言，同樣難以消化耶穌和尼哥德慕的對話。非猶太裔的人又怎可以不必遵守猶太人的律法，單靠耶穌就成為上帝的子民？這樣的爭持同樣見於新約其他的作品，並後來基督教和猶太信仰的對話。

5.3. 耶穌與外邦人的接觸

耶穌在公開職事裏所接觸的人，除了猶太人之外，還有外邦人。從耶穌的宗教、文化、種族背景和身分來看，作為一個要「拯救他的子民脫離他們的罪」的彌賽亞(太一21)，耶穌的工作對象基本上是猶太人；這是所有福音書都肯定的。但另一方面，無論福音書怎樣強調耶穌**向猶太人傳道的必然性**，所有福音書又都同樣肯定耶穌要向外邦人傳道。強調向猶太人傳道的馬太福音，在耶穌職事開始時就這樣描述：

> 這是要應驗先知以賽亞的話：「西布倫地和拿弗他利地，沿海的路，約旦河的那邊，外邦人的加利利！住在黑暗中的人要看見大光；住在死蔭之地的人，有光要照亮他們。」(太四14～16)

參馬太福音十章5至6節：「耶穌差這十二個人出去，吩咐他們：『不要到外邦人的地區，也不要進撒馬利亞人的城市。你們要到以色列人中迷失的羊羣那裏去。』」

馬可福音則以描述耶穌的職事來說明耶穌實際接觸的人：「耶穌和門徒們離開那裏到加利利湖邊去，一大羣人跟著他。他們是從加利利、猶太、耶路撒冷、以土買、約旦河對岸等地區以及泰爾和西頓附近的城市來的。」(三7～8)約翰福音則說耶穌是來到世上照亮全人類的真光(一9)。至於路加福音，從它的開始到它的續篇使徒行傳，都在強調福音的普世性。在路加的記載裏，耶穌是常常接觸外邦人的。

耶穌與外邦人接觸，固然是不能避免的現實。畢竟，他所成長的加利利，是許多外邦人居住的省份。但耶穌和外邦人的關係，並不是我們現代人所以為的那樣理所當然。從遠古的時代開始，民族、性別和社會階層都在人與人之間放下了許多的圍欄。而對執著於自己文化、習俗和儀節的猶太人而言，就有更多的忌諱。以下我們以福音書裏兩個例子，說明耶穌與外邦人接觸的特別之處。

5.3.1. 撒馬利亞的女人 (約四1～42)

今天的人在公開場合與女性交談，沒有甚麼特別之處，但約翰福音的記述，卻見證耶穌突破了宗教、種族和性別在當時社會帶來的隔閡。

耶穌和門徒在穿越撒馬利亞的旅途時，耶穌累了，決定在一個井旁休息，而門徒則去尋找食物。當耶穌正坐在井旁休息時，一個撒馬利亞婦女前來打水。本來大家應該要保持沉默，視若無睹，但雙方竟然開始了一場對話，並且還是耶穌主動開始的。

在古代社會，男女之間是不能隨便在公共場合交談接觸的，所以耶穌向這個婦人要水喝，顯然會使當時的讀者震驚，更何況是一名猶太人的宗教領袖與一個撒馬利亞女人單獨談話。此外，作者在四章9節亦暗示另一個嚴重的問題：「猶太人跟撒馬利亞人不相往來」。原來**撒馬利亞人**是混血的種族，一直都受到猶太人的藐視。於是，撒馬利亞人自行在基利心山上建立了他們的聖殿，不承認耶路撒冷的聖殿，猶太教領袖認為此舉無疑公然與主流猶太教對抗。這聖殿終於在公元前124年，被當時執政的猶太人馬加比家族的許爾堪一世拆毀。自此，兩羣人便更勢不兩立。

參《聖經鳥瞰——基礎篇》第五章「聖經歷史簡述」之「不同團體」(頁106～108)。

耶穌與這個婦人接觸不僅要突破他們之間的界限，也要說明上帝的愛無遠弗屆。他利用饑渴作比喻，指出她更深的屬靈饑渴，並且指出只有他才能夠滿足這種屬靈的饑渴，因為他是上帝所派來的獨生子，是惟一能使人與上帝修好的橋梁。耶穌說：「女人，要信我！時刻將到，人不再在這山上【即基利心山】或在耶路撒冷敬拜天父……我，正在跟你說話的，就是他【即彌賽亞】！」(四21～26)

正如與尼哥德慕的對話一樣，耶穌與婦人的對話充滿了神學意味和巧妙的相關語法，就像尼哥德慕不全明白耶穌的說話，婦人也不理解耶穌在說甚麼。耶穌繼續說道：「喝了這水的人還會再渴；但是，誰喝了我所給的水，誰就

有沒有一些生命的問題，是上帝要你處理，而你想迴避的呢？

永遠不再渴。我給的水要在他裏面成為泉源，不斷湧出活水，使他得到永恆的生命。」（四13～14）這婦人就如今天很多人一樣，只希望在上帝那裏得到物質上的好處，但不願付出代價來面對上帝與他們生命的問題。她極為機警，把問題轉到客觀的、非個人的神學問題上，但耶穌沒有妥協。

站在猶太人的立場，耶穌當然覺得他的傳統是較正統和正確的，但他沒有進入詳細的討論，很快便轉到一個更核心的問題上：這一切都要過去，上帝的受膏者(即「彌賽亞」)來臨的時候，所有人(無論是猶太人抑或撒馬利亞人)都要在上帝的靈帶領之下，按著正確的教導來敬拜上帝(約四23)。在耶穌的問答中，有幾點值得留意的：

❶ 儘管猶太人的傳統可能是勝過撒馬利亞的傳統，這些都只是人的傳統，但這位彌賽亞所要建立的，卻是由上帝的靈所帶領的；

❷《現修》的「真誠」和《和合本》的「誠實」一詞都使人誤以為是指敬拜者的態度，但其實這是指「真理」，是彌賽亞真理的教導。

❸ 耶穌要這婦人公開宣告他就是上帝所揀選的受膏者。

就是這麼簡單，這個婦人馬上就接受了耶穌的話，她甚至馬上向她的鄉里宣揚耶穌；結果，她帶來一大羣人，其中許多人因著她的見證相信了耶穌。怪不得耶穌對門徒說，雖然再過4個月才是收割的時候，但人心成熟已久，隨時可以收割了。

5.3.2. 迦南婦人的信心（太十五21～28；可七24～30）

那名撒馬利亞的婦人企圖逃避福音所帶來的挑戰，但這裏記載的迦南婦人卻處處顯出一個理想的外邦慕道者的態度。這故事顯明，儘管在耶穌傳道日子裏，主要對象是猶太人，但他從不把外邦人排拒於福音的門外。

耶穌要去的泰爾和西頓境內有許多外邦人居住。一個母親為她那被鬼附的女兒憂心忡忡。雖然兩卷福音書對這婦人有不同描述：馬太福音稱她為「**迦南人**」，而馬可福音則說是「外國人」；但其實都是說，這婦人是外邦人。她特意到耶穌面前請求他醫治她女兒，卻落得被耶穌揶揄一番：「先讓兒女吃飽吧。拿兒女的食物扔給小狗吃是不對的。」(可七27) 誠然，耶穌的這句話是難聽的，但我們必須先將耶穌職事的整體前題弄清楚。

在新約聖經《和合本》譯的「希臘人」一般指「主要操希臘語的人」，即外邦人，並非特指這人是古希臘人的後裔；而「迦南人」則指原居住在迦南地的人，是猶太人對所有外邦人較為通俗的指稱。

我們先前的討論已經指出，所有福音書都肯定耶穌向外邦人工作的使命，但另一方面，我們也看見耶穌的工作，似乎也有一個次序，就是「先是猶太人，而後外邦人」(羅一16)。無論如何，從職事的本質和目的來看，耶穌都沒有捨棄異族人。事實上，如果耶穌真的對外邦人沒有絲毫的使命，我們實在不能理解他為甚麼要到那裏去；如果耶穌沒有將福音和上帝的愛帶到他們當中的動機的話，我們也實在不明白他為甚麼要到那偏遠的泰爾去。然則，耶穌為甚麼要說這番話？有人說是表達出耶穌工作的次序，有人說是試驗這婦人是否對他真有信心，也有人說耶穌所講的狗，並非帶有貶意，實指主人喜愛的寵物，甚至有人說，耶穌其實是要為那些住在泰爾西頓境內的猶太佃農抱不平，以此話來諷刺泰爾西頓境內的外邦人如何剝削當地的猶太人。

也許我們要承認，我們沒有最終的答案。然而，我們要明白耶穌的說話，與當時的社會、經濟階層，並宗教、文化背景有密切的關係。我們不應隨隨便便的用我們現代人的感覺來理解並因而厭棄之。

此外，我們必須將這句話放在耶穌要將上帝國的福音帶給所有人的前題和整幅圖畫之內來理解。

耶穌向外族人傳上帝國的福音的事例，在福音書裏可以說是俯拾即是。以上我們只不過用兩個較特別的例子來說明耶穌與外族人接觸的背景和意義而已。

溫習問題

1. 拿撒勒和迦百農兩個城鎮對耶穌的接納情況有何不同？你可看出箇中的原因嗎？
2. 在迦拿婚宴中，耶穌說：「我的時刻還沒有到」，這「時刻」是指甚麼時刻？既說那不是他行神蹟的時刻，為何耶穌轉眼間又行了這個神蹟？這神蹟的焦點何在？
3. 耶穌與他親屬的關係是怎樣的？
4. 在耶穌潔淨聖殿一事中，聖殿的領袖為何要如此憤怒？
5. 細讀約翰福音第三章，你認為尼哥德慕與耶穌對話之後，有沒有相信耶穌？
6. 何以某些宗教領袖會對耶穌有好感，甚至相信他呢？整體來說，你認為耶穌與猶太領袖的關係如何？
7. 在耶穌與撒馬利亞婦人談道的過程中，你覺得令她信主最關鍵性的一點是甚麼呢？
8. 試比較耶穌與這位撒馬利亞婦人談道，以及他與尼哥德慕談道之間的分別。他們對福音有甚麼不同的反應？
9. 撒馬利亞婦人與迦南婦人這兩個外邦人，對信仰的態度有何不同？耶穌又有何對策？
10. 整合耶穌早期的傳道工作，有哪些事情帶來正面的果效（被人接受）？有哪些事情帶來負面的果效（招致反對）？

第六章

耶穌的神蹟

- 耶穌神蹟的總覽
- 耶穌醫治的神蹟
- 耶穌超越自然定律的神蹟
- 耶穌的神蹟的獨特之處

承接上一章就耶穌與門徒、外邦人和猶太人的接觸，我們探討過他早期在加利利的職事。在以下這兩章，我們將繼續深入地討論耶穌在加利利的職事。雖然有不少學者嘗試為耶穌在加利利傳道的日子重構一個時間表，但這並不符合4卷福音書的原意。事實上，一個對耶穌生平作時序式的描述並不是最重要的，耶穌的事蹟和教導的信息才是我們信仰的核心部分。因此，本章和下一章嘗試分別以耶穌的「事蹟」和「教導」來加以討論，其中亦可能包括一些發生在加利利省以外的事情。

儘管耶穌有時以邏輯和推理為自己辯護，但他經常以神蹟來強化他的教導（參太十二38～39），故此讓我們先來討論耶穌的神蹟。

常常有人企圖分辨「神蹟」（miracle）和「奇蹟」（supernatural），認為後者泛指一些自然規律無法解釋的事情，而前者則指某些被神明所驅使發生的事情。基本上，這個分類是可以接納的，但兩者更重要的分別其實是在於觀察者或評論者的觀點和角度，例如就有人以為耶穌趕鬼是靠著鬼王的權柄（太九32～34，十二22～30）。

從聖經作者的角度看，神蹟是上帝的作為，是祂的大能的彰顯，要證明祂的臨在。神蹟不僅代表上帝介入自然界，也表示上帝要在某特定的時空裏，藉著一些令人震驚的事件，表達祂的意願，因此，神蹟是有目的性的。在新約中，耶穌通過施行神蹟表明他的身分和使命：他就是上帝應許予以色列人的彌賽亞，是人類的救世主。

這個理解可以追溯至耶穌本人的宣告。當被囚的施洗約翰差人來求證耶穌的身分之時，耶穌用以賽亞書四十二章的經文，應用在自己的職事上：「失明的看見，跛腳的行走，痳瘋的潔淨，耳聾的聽見，死人復活，窮人聽到福音。」（太十一4～5；路七22～23；另參路四

16～18)由此可見，耶穌的神蹟不能與其信息分割。耶穌施行神蹟，不僅是要表示他有特異的能力，而是要帶出福音的意義。

在以下的討論，我們先總覽耶穌所行的神蹟的概要情況，繼而進深了解神蹟的類別和它們的意義。

6.1. 耶穌神蹟的總覽

4卷福音書合共記載了**35件**耶穌所行的神蹟，其中當然包括耶穌從死裏復活這最偉大的神蹟(詳細討論，參第十章)；此外，福音書還以摘要的方式將耶穌所行的撮寫下來(例如可一39，三9～12)。然而，我們深信，耶穌另外還行了很多神蹟。事實上，約翰結束他的福音書時，就明確交代清楚，他留下未有記載的內容比他所記載的要多：「耶穌還做了許多別的事，要是一一記錄下來，我想整個世界也容納不下那麼多的書。」(約二十一25)因此，記下來的可能只是最為人熟悉和最重要的而已。

這包括我們在5.1.2「耶穌在迦拿的婚宴」所討論的水變酒神蹟。

在這30多件具體記錄的神蹟之中，有一半以上是描寫他醫治和使人復活或驅鬼，另有一些則主要突顯他超乎自然定律的大能。

耶穌神蹟一覽

	馬太	馬可	路加	約翰
醫病(26)				
潔淨長大痲瘋的人	8.1～4	1.40～45	5.12～16	
醫治迦百農軍官的僕人	8.5～13		7.1～10	4.46下～54
醫治彼得的岳母	8.14～15	1.29～31	4.38～39	

醫治癱瘓病人	9.1～8	2.1～12	5.17～26	
醫治患血崩的女人	9.20～22	5.25～34	8.43～48	
醫治兩個瞎子	9.27～31			
在安息日醫治手枯的人	12.9～14	3.1～6	6.6～11	
醫治被鬼附的啞巴	12.22～30		11.14～15	
醫治聾啞的人		7.31～37		
醫治癲癇病孩子	17.14～21	9.14～29	9.37～43上	
瞎子(巴底買)得醫治	20.29～34	10.46～52	18.35～43	
在會堂醫治被鬼附的人		1.23～28	4.33～37	
在伯賽大醫治瞎子		8.22～26		
在安息日醫治殘疾女人			13.10～17	
在安息日醫治臌脹病人			14.1～6	
潔淨十個大痲瘋病人			17.11～19	
耶穌醫治羅馬兵丁的耳朵	(26.47～56)	(14.43～52)	22.47～51	(18.2～12)
在畢士大池旁醫癱腿的人				5.2～18
醫治生來瞎眼的人				9.1～12
使葉魯的女兒復活	9.18～26	5.21～24, 35～43	8.40～56	
使拿因城寡婦的兒子復活			7.11～17	
使拉撒路復活				11.1～44
耶穌復活	28.1～10	16.1～11	24.1～12	20.1～18
趕鬼入豬羣	8.28～34	5.1～20	8.26～39	
趕出啞巴鬼	9.32～34		11.14	
趕出迦南婦人女兒的污鬼	15.21～28	7.24～30		

改變自然現象(9)				
平靜風和海	8.23～27	4.35～41	8.22～25	
五千人得飽	14.13～21	6.32～44	9.10～17	6.1～15
耶穌在水上行走	14.22～33	6.45～52		6.16～21
四千人得飽	15.32～39	8.1～10		
從魚口得稅銀	17.24～27			
詛咒無花果樹	21.18～22	11.12～14		
迦拿婚宴水變酒				2.1～11
第一次漁穫的神蹟			5.1～11	
第二次漁穫的神蹟				21.1～14

6.2. 耶穌醫治的神蹟

無論是對現代人或是古代人，耶穌醫治人(包括使人從死裏復活)的事是最為觸目、使人印象最深刻，亦是佔耶穌所行的神蹟中最多的，共26件。

耶穌醫治人，無分他們的社會地位(富人或窮人)、性別(男人或婦女)、國籍和種族(猶太人或外邦人)。耶穌醫治的病症有許多，包括發高燒(可一30)，癱瘓(可二3)，失明(可八22)，耳聾舌結(可七32)，還有各種外科(路十三11)和婦科(可五25)疾病，甚至是使死了的人復活過來(可五21～43)。耶穌所醫治的不只是肉體的疾病，還有屬靈的疾病，因此，耶穌醫治的神蹟也包括**驅鬼的事**(太八28～34)。根據猶太人潔淨的律法，很多疾病的患病者(當然包括被鬼附的人)

鬼魔突出的特點通常是無形、無體，超越自然。許多人相信，鬼魔是撒但背叛上帝時支援撒但的天使，他們現在仍然對抗上帝的工作。

都被視為不潔淨，他們不能參加公眾敬拜、生活被隔離（可五1～5，十46）；如果他們要再次加入公眾生活，身體痊癒是至重要的。

耶穌醫治的方式是多樣化的。他有時會用身體的接觸。有一次，醫治一個「不潔淨」、「不可摸」的痲瘋病人時，耶穌用手摸了他，這個行為肯定為那名病人帶來安慰和接納（可一40～45）。也有幾次，當一些瞎子來求耶穌醫治時，耶穌摸他們的眼睛，把他們治好（太九27～31，二十29～34）；有時他也用實物協助，例如用唾沫（參可七33，八23；約九6）。

然而，藉著身體上的接觸或其他物件來醫治是較少數的，大多數的醫治都是藉著耶穌所說的話成就的，這也是令人印象最深刻之處。在畢士大池邊的癱子（約五1～9）和在安息日得醫治的那枯手的人（太十二9～14），耶穌只用話語就醫治了他們。還有一次，10個痲瘋病人遠遠喊著求助（路十七11～19），耶穌要他們去找祭司查看身體，在路上，他們的痲瘋病就得了醫治。最特別的一次，是一個羅馬**軍官**（《和合本》譯作「百夫長」）請求耶穌醫治他的僕人，這個僕人正躺在這軍官的家裏，耶穌同意去醫治他。但這軍官因為常下命令，所以很熟悉權威的作用，他相信只要耶穌簡單地發出一個指令，就能治好他僕人的病，無需耶穌親自在場。在以色列人之外，竟有人有如此大的信心，耶穌對此也感到驚訝。於是照軍官所言，**耶穌的話語一出，就治好了遠方的病人**（太八5～13）。

軍官（或百夫長）所統領的部隊由80至100人不等。在帝國的主要城市都有羅馬軍隊駐守，防止暴亂。

雖然約翰福音（四46～54）記載這得醫治的人是官長的兒子（而非僕人），但整個故事基本上是一樣的；作者同樣強調，耶穌講話的那一刻，這人就痊癒了。

在這一切的醫治中，信心是最重要的，不管病人及其家屬朋友認為痊癒的機會何等渺茫（可二5，五35，九24），耶穌強調對他的信心才是康復的原因（太十七14～21；可五36，十52）。

有些疾病是附身的鬼魔所造成的，因此耶穌要把人身上的邪靈趕走，此人身體的殘障(瞎眼、啞巴等)才會除去。由於古代的世界觀把病患歸咎於魔鬼附身，驅鬼與治病的關係就來得比較密切，例如：「醫治癲癇病孩子」(太十七14～21；可九14～29；路九37～43)和「醫治被鬼附的啞巴」(太十二22～30；路十一14)，至於「醫治彼得的岳母」，路加福音就清楚說明耶穌斥責那熱病(路四38～39)，但其他福音書卻沒有記載耶穌的斥責。

你對那些把疾病歸咎於靈界作為的人有何意見？你曾否請教會的傳道人為病人祈禱呢？

雖然不少現代人嘗試以**現今的科學知識來解釋**神蹟之中一些疾病的痊癒，但是，這並不影響事實：耶穌能夠有效地醫治疾病，是因為他能夠直接從上帝支取力量，釋放患病者，使人身體復原。

有人認為那些被鬼附的其實是患精神病。然而，假如耶穌故作姿態趕逐並不存在的鬼，那麼人們就不會相信他能醫治病人。

耶穌施行神蹟，當然說明他有上帝的大能和有安慰人的心腸，但更重要的是這些神蹟要顯明他的身分。路加福音記載，當施洗約翰在監獄裏聽到耶穌所行的事，就差派門徒前去詢問耶穌，他是否就是彌賽亞。耶穌回答說：「你們回去，把所看見所聽到的報告約翰，就是失明的看見，跛腳的行走，痲瘋的潔淨，耳聾的聽見，死人復活，窮人聽到福音。」(路七22)耶穌的話不僅使約翰得安慰，他更說明醫治神蹟的真正意義。

醫病和疾病

當時的希羅社會雖然也有醫學院的設立，但醫生的訓練主要仍是來自學徒制，學醫的人必須跟隨經驗豐富的醫生實習。

在古代近東和西方社會中，醫術最進步的是埃及人和希臘人，相比之下，猶太人在這方面則較為落後。在巴勒斯坦行醫的，有**受過正規訓練的醫生**較少，江湖術士佔大多數，而人民往往就要承受這些人的煎熬(參路八43～48)。在猶太人社會中，大概很多這些所謂「醫生」被看成是無恥的騙徒，以致有些後期的猶太人文獻用一些戲語來形容他們，有說：「最好的醫生當承受地獄」，亦有警告：「不要住在一個醫生當市長的城市。」雖然醫生生病是常有的，能醫不自醫在今天社會亦不見得有甚麼奇怪，但耶穌提到一句慣常用來揶揄醫生的俗語，說人們會對他說：「醫生啊，治好你自己吧！」(路四23)似乎反映了一個較嚴重的社會實況。

今日有不少人將人生逆境的遭遇也看為上帝的懲罰，或歸咎鬼魔的攪擾。你有甚麼看法？

很多古代社會均會把疾病歸咎於開罪神明或鬼魔附身，這不一定是因為以前的社會缺乏科學和醫學知識，今天有這樣想法的仍然大有人在。猶太人大概不會把頭暈身熱等輕微病痛都視為神明的降罪，但對於頑疾重病或先天性疾病，一般都會視為那惡者的工作。從約翰福音九章1節至2節所記，可見一般人對一位生下來便瞎眼的人常有的看法，無論是基於父母或患病的人本身的罪，他們總以為這是出於上帝的懲罰。舊約聖經亦多有記載這樣的看法(參撒下十二14；代下七13～14；詩四十一4，一〇三3；賽三十八17，五十七17～19；耶三22等)。

6.2.1. 醫治房頂上吊下來的癱子 (太九1～8；可二1～12；路五17～26)

在耶穌傳道工作的早期，他的權威成為一個眾人爭議的問題。當時，耶穌已擁有一大羣追隨者，因此無論他走到哪裏，都有人羣聚集在他周圍。有一天，當他正教訓人的時候，人羣不僅擠滿了屋子，還擠滿了院子。

那時，耶穌已經因其能醫治疾病而聞名。一位癱子很盼望自己能行走，他的4個朋友為遂其願，於是抬著他前來求耶穌醫治。但是人實在太多了，根本無法靠近。於是他們想出了一個辦法。幾個朋友爬上房頂，**刨開一個窟窿**，把癱子連同褥子，從房頂慢慢縋到耶穌面前。耶穌的反應大出所料，他對癱子説：「孩子，你的罪蒙赦免了」。

在巴勒斯坦的鄉村，房子的屋頂通常是平的，屋外則有樓梯通上去。屋頂用橫梁和木板建成，再鋪上搗實的泥土，因此，要從屋頂上拆一個洞並不太困難。留意按路加的記述，這房頂是用瓦片鋪成的；路加記述中的房屋顯然是屬於較富有的人家的。

在當時，把疾病歸咎於神明的作弄或懲罰是相當普遍的，因此，耶穌這樣説也符合當時人的看法；換言之，耶穌説出這話必須要把病人醫好，不然，赦罪就沒有甚麼意思了。但這時，耶穌洞悉律法師們的不滿；他們認為只有上帝才有赦罪的權柄（賽四十三25，四十四22）。耶穌很輕描淡寫（並帶有諷刺性）地回應，或説「你的罪蒙赦免了」，或説「起來，走吧」都是一樣簡單，結果亦是一樣，但為了證明他確實有赦罪的權柄，他就選擇用「你的罪蒙赦免了」這表達方式。

耶穌這進一步的解釋（可二8～10；太九4～6；路五22～24）大概未能平息律法師的怒氣，但耶穌並沒有再理會他們。他轉身對癱子説：「我吩咐你，起來，拿起你的褥子，回家去吧！」在眾目睽睽之下，那癱子就站起來，與他的好友們一起離去了。原本用來抬他的褥子，如今在他手裏拿著，成為他痊癒的證據。

這故事不單止説明求醫者對耶穌的信心的重要性，更説明耶穌有赦罪的權柄。耶穌並沒有否定律法師的神學（只有上帝才有赦罪的權柄），他只是將他們的看法修正過來，因為身為人子的耶穌，在世上也有同等的權柄。

6.2.2. 拉撒路的復活 (約十一章)

4卷福音書合共記載了4次死人復活的事，其中最觸目的當然是耶穌自己從死裏復活。除此以外，耶穌使拉撒路復活是福音書記載得最詳盡的一次。

一直以來，耶穌與拉撒路一家(另有兩姊妹叫馬利亞和馬大)的交情很深，更不時與他們共敍(約十二1～3；路十38～42)；有一次，耶穌還用了拉撒路這名字講了一個比喻(路十六19～31)。拉撒路一家住在距離耶路撒冷不遠的伯大尼(約有3公里遠)。耶穌傳道晚期，住在約旦河東面，避開猶太那些對他懷有敵意的人(約十39～40)。有人告訴耶穌說，拉撒路得了重病。伯大尼距耶穌住的地方約有1天的路程，耶穌本該立即動身前往，刻不容緩。然而耶穌卻等了兩天才起程。當他到達伯大尼時，拉撒路已經死了，並且安放在墳墓裏已經4天了。

為甚麼耶穌停留兩天之後才去伯大尼？原來傳統有這樣的說法：人死後靈魂會在屍體旁流蕩3天。有人推測耶穌故意這樣安排，使得他到達時，拉撒路是已經「完全」死了。無論怎樣，拉撒路死後幾天再復活，無可辯駁地表明，耶穌具有勝過陰間的絕對能力。

馬大和馬利亞先後到路上去迎接耶穌，兩人都不約而同向耶穌發出怨言：「主啊，要是你在這裏，我的弟弟就不會死！」耶穌沒有責備她們。但當耶穌應許她的兄弟將要復活時，馬大認為耶穌所說的是指將來的復活。耶穌下一句大膽的說話激起了馬大——甚至是每一個時代的人——的希望：「我就是復活，就是生命。信我的

人，雖然死了，仍然要活著；活著信我的人一定永遠不死。」(約十一25～26)

在屋裏，人人都在哭泣，耶穌被深深感動，也哭了。悲痛的人們陪伴著耶穌來到拉撒路的墓前，這是一個大石封口的洞穴。耶穌下令把石頭挪開，馬大對此提出異議，因為在當時的氣候條件之下，屍臭肯定令人難以忍受；馬大又有微言：「主啊，他……屍體都發臭了。」(約十一39)但在耶穌的堅持下，石頭被挪移開了。

耶穌既知道自己將要叫拉撒路復活，為甚麼還要為他哭泣？他是為人世間所面對苦難而哭泣？還是因為他知道自己要作的事，將會導致自己的死亡(約十一8、45～53)？經文沒有交代，你的意見又是如何呢？

耶穌祈禱，為將要發生的事情感謝上帝，然後他大聲呼叫：「拉撒路，出來！」一個名副其實的木乃伊活現在眾人面前，拉撒路手腳纏裹著細麻布條，頭上還裹著布，從墳墓裏爬出來。聚集的民眾用全然不信的神情、睜大眼睛盯著。耶穌大聲招呼他們給拉撒路脫去墳墓裏穿的「衣服」。

所有復活的神蹟都是要見證耶穌向馬大所說的話：「我就是復活，就是生命」(約十一25～26)。約翰福音開首已經強調，萬有是藉著道(指耶穌)造的，他就是生命的根源(一3～4)，作為生命創造主的耶穌，掌管著生命和死亡；他就是生命(十四6)。拉撒路的復活只是暫時性的，有一天他仍然要死，但任何相信耶穌的人，最終會享受一個永遠不死、與主同在的復活。這是基督徒所說的屬靈生命，起始於我們相信主的那一刻，直到永永遠遠，並不會被死亡所勝過。

拉撒路復活另一個重要之處是這神蹟導致猶太人領袖決定要剷除耶穌。在這個時候，猶太人對耶穌的敵意已經非常明顯，但耶穌還故意返回猶太地施行這神蹟，名副其實的「明知山有虎，偏向虎山行」，就連他身邊的門徒都很擔心(約十一8)，而多馬也察覺這危險（約十一16）。猶太人認為，耶穌這樣到處施行神蹟，很快會引來羅馬政府的注意，而最終會危害整個猶太人社會的安定和繁榮（十一47～48）。

你可有經歷過平信徒較傳道人更能洞悉上帝的旨意呢？

目睹死人復活這神蹟，許多人立刻就相信了耶穌（約十一45），但偏偏是那些最認識神蹟的人——猶太人的宗教領袖們——持著偉大的「安定繁榮」的政治理想，不單抗拒耶穌，甚至密謀要殺害他。這是莫大的諷刺：平民百姓竟比宗教領袖更能察驗上帝的作為！

6.2.3. 瞎子得醫治 （太二十29～34；可十46～52；路十八35～43；參約九1～12）

馬可、馬太和路加3卷福音書都記載這事件是發生在耶利哥的路上，當時耶穌正要進入耶路撒冷。一如其他符類福音共有的記載，3卷福音書對這事的記述也是**略有出入**。

馬可福音和路加福音都說耶穌治好一個瞎子，但惟獨馬可福音提供了這瞎子的名字：巴底買。馬太福音則記載耶穌治好了兩個瞎子。

巴底買得醫治這個記載是重要的。除了約翰福音的拉撒路，巴底買是十二使徒以外、惟一得醫治之後被記下名字的人（亦見可五22）。馬可福音甚至提供他父親的名字（底買），似乎是要讓讀者知道是真有其人，而不是一個傳說。事實上，根據馬可的報道，巴底買在得醫治之後果然是「跟隨著耶穌走了」（可十52），而其餘兩卷的符類福音亦同樣指出這個瞎子的回應是「跟隨了耶穌」（路十八43）和「跟從了耶穌」（太二十34）。

在此我們可以看見，福音書作者在縷述耶穌神蹟的時候，不僅將耶穌刻畫成一位行奇事的人，也道出他是一位呼召人的主，並且說明神蹟對痊癒者的影響。神蹟是

重要的，得醫治自然也是喜樂和難忘的經歷，這是肯定無疑的，但如果只將焦點放在神蹟異能上，忽略了更深認識施行神蹟的主，不懂得又不願意回應他的呼召的話，信仰不啻是本末倒置了。我們有理由相信，正如某些新約學者指出，巴底買是早期教會(特別在巴勒斯坦的教會)所熟悉的人，而馬可將他描寫得那麼清楚，是要讀者以他為榜樣。

類似的記載亦見於約翰福音九章裏耶穌醫好那生來瞎眼者的故事。在約翰福音裏，所謂的神蹟奇事，實際上是「記號」，忽略了記號所指涉的意義(耶穌的身分和使命)，則無論有多少的經歷，都是徒然的。所以，生來瞎眼者得見光明之後，他不僅有了視力，他更「看見了」上帝的兒子、信他和拜他(約九35～38)，甚至因為他的緣故被逐出會堂(九34)。

相反，那些不能明白其中意義的法利賽人，可能還糾纏於神蹟事件的本身，既看不見施行神蹟的主、也聽不到他的呼召。他們的思想依然停留在：耶穌在「在安息日」醫治了那瞎子，干犯了安息日的律法。他們看不見神蹟，只顧慮到傳統被打擾了；他們也看不見上帝，因為他們把上帝從他們對律法的解釋中趕走了。難怪耶穌在約翰福音裏說：「我到這世上來的目的是要審判，使失明的，能看見；能看見的，反而失明。」(九39)

有沒有一些教會裏面的事情，是你認為不能變更的？這些是真理抑或只是傳統呢？

公元2世紀末編成的猶太教重要典籍。其內容都是有關歷代猶太拉比和法律學者對聖經律例的解釋。

顧名思義，「安息日」的意思是休息或停止工作，從星期五日落開始，直到星期六日落結束。所有猶太人都必須遵守這個聖日，不可作工(出二十8～11)。至於對「作工」的定義，在猶太人的口頭傳統律法作品**《米示拿》**(*Mishnah*)裏，列出安息日裏不能作的39項工作，其中包括收割和打磨麥子。

法利賽人不停地盤問巴底買，但是他甚麼也沒看見，因為他從前是瞎子，在西羅亞池裏洗過以後才得以看見。他也不知耶穌是甚麼樣子。但在法利賽人不斷催逼下，他最後只得說：「除非他是從上帝那裏來的，他甚麼都不能做。」(九33)這正是法利賽人最不願意聽的一句話，他們結果把他逐出會堂。

《和合本》的經文是「你信上帝的兒子嗎？」較早期和可靠的抄本都是「你信人子嗎？」

故事並非到此結束，耶穌聽見所發生的事情以後，找到這個人，問他：**「你信人子嗎？」**(九35)這個人回答，如果他知道上帝的兒子是誰，就會相信。耶穌說：「你已經見到他，現在跟你講話的就是他。」(九37)這人知道耶穌就是治好他瞎眼的那位，於是向耶穌下拜。這個人雖然不能再進會堂，但他相信，他已經看見了舊約聖經應許的救主。(請閱讀約翰福音九章，可得知更詳細完整的故事情節。)

6.3. 耶穌超越自然定律的神蹟

除了醫治的神蹟外，福音書還記載了一些神蹟，表明耶穌具有超越自然定律的權柄；而這些神蹟大多數是藉著耶穌所說的話成就的。

耶穌能夠平息風暴和海浪(太八23～27；可四35～41；路八22～25)是最明確地證明他具有控制自然界力量的證據。後來，當門徒另一次沒有與耶穌一起渡過加利利湖的時候，又發生了類似的事件(太十四22～33；可六45～52；約六16～21)。耶穌不是漠視自然規律，任意妄為，而是表明，對於他決意要作的事情，就是自然規律也要順應。另一方面，這些神蹟也要表明耶穌神聖的身分。在舊約裏，只有上帝才有控制和呼喚大海的能力(參詩一〇七23～32；拿一1～6)。所以，耶穌斥責風和浪，就清楚説明他真正的身分了。此外，耶穌以平靜風浪顯示其能力和身分，亦有另一重要的意義。一如舊約裏，上帝在紅海中施展大能救贖以色列民(出十四4～31；參詩八十九8)，耶穌亦在風浪中保護他的門徒。

耶穌這種超乎自然定律的權柄，並不僅僅限於呼風喚雨而已，他還能夠超越物質的限制，把水變酒(約二1～11)，使無花果樹枯乾(太二十一18～22)，以及使門徒有意外的漁穫(路五6；約二十一6)。

在這一類神蹟中最著名的，是在加利利湖岸邊使5000人得飽的「五餅二魚」故事。馬太和馬可的福音書除了記載耶穌這一次使5000人得飽之外，還有一次是使4000人得飽的。我們很難界定這兩次記述是屬於同一事件，還是兩件發生於不同時間的事件；在本書中，我們暫且假設這兩件事是不同的事件吧。

6.3.1. 五餅二魚 (太十四13～21；可六32～44；路九10～17；約六1～15)

五餅二魚是耶穌所行眾多神蹟之中，惟一在新約4卷福音書都有報道的。從表面看來，這好像是一椿異能表演的記載。然而在仔細咀嚼的時候，我們就會發現耶穌並不僅是一位遠古的奇人異士而已。

耶穌來到加利利湖邊，希望能夠獨處，但是人們成羣地離開城市和鄉村，追隨著他。耶穌看見他們，動了「惻隱的心」(太十四14～15；可六34)，便醫治那些生病的人，對他們講論上帝國的道理。傍晚到了，門徒本想叫耶穌打發所有人離開便算了，但耶穌竟要門徒給他們食物吃；耶穌叫他們**一組一組**的坐下，好像享用宴席一般。按符類福音的記載，耶穌行這個神蹟的原因，主要是出於「惻隱的心」。

馬可福音六章39節所用「組」這個詞在原文主要用在宴席上。

同一件事，約翰福音就將焦點集中在耶穌的身分，而不是耶穌的惻隱之心。約翰沒有像符類福音一般著墨在羣眾如何艱辛地跟隨耶穌到那裏，卻饒有深意地告訴我們，五餅二魚的背景是逾越節（六3），是以色列人記念上帝救贖他們出埃及、過紅海、入曠野的節日。儘管在場的羣眾不一定知道這神蹟的真正意義，但在約翰的筆下，耶穌擘開這些餅供應羣眾，是要讓讀者聯想到逾越節的真正意義，並不是要記述羣眾得飽足而已。雖然上帝藉摩西在曠野餵飽的人數遠比耶穌的多（出十六章），但耶穌卻比摩西更偉大，因為他不僅是一個先知，而是「完成」了上帝對人類救贖計劃的那位。約翰要説明，耶穌就是逾越節的羔羊（約一29，十九36），他就是從天上降下來的糧食（約六21～65）。惟有明白他和接受他的人（吃他的肉和喝他的血），才是上帝新的族類和子民。

在約翰福音，這個神蹟要表達更深一層的意義，它説明耶穌作為彌賽亞的重要價值。使人吃飽是一個「記號」，象徵以色列民族像無人牧養的羊，上帝已經聽見他們的哀哭，彌賽亞耶穌已經來到世上，作以色列人的牧人和君王，拯救他的子民了。耶穌知道，救贖的代價就是他自己的生命；這就是為甚麼在約翰福音中，耶穌將餅比作自己的身體，並且這個五餅二魚的神蹟，很快被教會理解為聖餐的隱喻（約六52～58）。

6.4. 耶穌的神蹟的獨特之處

我們可以肯定地説，耶穌不是人類歷史中惟一一位施行神蹟的人。在舊約時代，上帝亦借用不同的人（如摩西和以利亞）施行各種神蹟，在初代教會中也有不少人（如彼得、保羅）曾經施行神蹟。

此外，古代很多文獻均有記載行神蹟的人。有些希臘羅馬文獻把一些歷史人物描述為「神人」，備有超凡的能力。其中最著名的，是公元1世紀的希臘哲學家亞波羅紐(Apollonius)，據稱他能施行類似耶穌所行的神蹟。然而，由於記載他生平事蹟的書要到1個多世紀之後才面世，大多數學者都認為書中的記載帶有不少渲染的成分。

猶太人典籍也記載有多位能行神蹟奇事的猶太人，其中一位最觸目的是公元1世紀中期來自加利利的多莎之子哈尼拿(Hanina ben Dosa)。猶太教經典文獻《米示拿》把他列入猶太偉人之一，並指出：「多莎之子哈尼拿死後，再沒有施行神蹟的人。」哈尼拿善於用禱告施行神蹟，曾使天降雨，使患病的痊癒。但他從不自稱是先知，甚至加以否認，亦沒有留下甚麼特別的教導。他從不標榜自己所行的神蹟，只說：每當感到自己的禱告暢通無阻，他就知道自己所祈禱的能得成就。

要判定這些記載(還有古代中國數之不盡的神奇故事)是真是假，是很複雜的事，亦很難得到專家們的共識。但我們不用反應過敏，以為若然「非基督徒」也能行神蹟，耶穌所行的神蹟就打了折扣；又或因行奇事的是「非基督徒」，他們就是行邪術。這兩種看法均沒有聖經的根據。我們應該在我們暫時不曉得的事情上，學習沉默不言，不要胡亂下判斷。

然而，無論從哪一個角度看，**耶穌施行神蹟**應該是不容置疑的。故此，問題不在於耶穌有沒有行神蹟。問題的中心是，耶穌行神蹟的意義和目的何在。從以上的討論可知，耶穌的神蹟是證明他異於常人的最有力證據。很多人均可作出像耶穌那樣的宣稱，卻不能行出像耶穌那樣、顯示其權柄的神蹟。再者，耶穌的神蹟不單說明了他的權柄，

在初代教會，就連非基督徒也肯定耶穌行了一些超自然的事蹟。當然，教外的人通常以「祕術」視之。而福音書裏的猶太人就更認為耶穌是靠鬼王行事的。

也表明了上帝的能力和管治已經藉著耶穌的職事臨到人間。在許多醫治的神蹟裏，得醫治者都是被社會排斥和拒絕的邊緣人；血崩、痲瘋、鬼附，或外邦人等等，都是在猶太的宗教祭祀傳統和社會制度裏被視為不潔淨的。但在舊約的先知書裏(賽二十九18～19，三十五5～6，六十一1)，這些人的被接納正是上帝國度來臨的記號。所以，耶穌所行的神蹟，根本就是說明了上帝的國度和權能已經臨到，並彰顯在人間了(太十二28；路十一20)。

誠然，不同的人對神蹟自有不同的看法。有人相信這些神蹟的的確確曾經發生過，這些故事使他們的信心如火挑旺起來。對耶穌的神性存疑的人，就必定視耶穌的神蹟為神話而非真實事件。然而，有一些人則因為耶穌同時代的其他偉人都有類似的故事，所以認定基督徒必然受當時的迷信氣氛感染，為耶穌編出這類的故事。對這一點，我們可以反駁說：如果耶穌必須成為一個施行神蹟的人，才算是第一世紀「最偉大的」人物的話，上帝必定能夠、而且也願意藉著他行大能奇事。但更重要的是耶穌的故事有別於其他：他的神蹟的重要性並不在於顯示他有奇異的能力，而在於其內蘊的意義。有幾點需要留意：

1. 一般來說，他並不需要祈求、不用咒語，甚至連祈禱也不用，只用簡單的話(可一27，二11)或觸摸病人(可五41)，事便成就。
2. 耶穌強調求醫者的信心的重要性。這信心的對象是耶穌本身，不是神蹟，那些不存信心來求神蹟的，一律被拒絕(太十二38～39)。
3. 耶穌施行神蹟不是要榮耀自己，而是要榮耀上帝(路七16)，把人帶到上帝面前。雖然這目的不一定能達到，法利賽人就把它們歸於撒但的能力(可三22)，但對那些蒙召的人，神蹟就足以顯示上帝藉著耶穌的工作成就祂的應許，並藉此喚起和堅定人們對耶穌的信心。正因這緣故，約翰福音稱神蹟為「記號」。

以上所說的，不單可應用在耶穌本身所行的神蹟上，亦可應用於初代教會的神蹟上(徒二43)。初代的基督徒顯出類似耶穌的能力，他們醫治病人，叫死人復活，被囚的從獄中奇妙地獲得釋放，甚至具有懲罰他人肉身的能力。上帝透過門徒仍然行出神蹟，一方面要證實他們所傳的救恩信息，另一方面也警告世人，上帝必施行審判。

溫習問題

1. 福音書裏記載耶穌的神蹟有甚麼作用？這與一般所說的「奇蹟」有甚麼分別？
2. 一些人認為疾病與鬼魔有甚麼關係？
3. 耶穌醫治那位被朋友抬來的癱子，同時也表示了甚麼？
4. 耶穌等拉撒路死去兩日之後才去看望，目的是甚麼？
5. 拉撒路的復活與耶穌的復活有甚麼不同？當中有甚麼意義？
6. 巴底買得醫治之後的反應是甚麼？這讓我們看見經歷神蹟究竟是甚麼一回事呢？
7. 你認為4卷福音書有關五餅二魚的記載有何異同呢？這些異同重要嗎？
8. 你對於福音書作者以不同的角度和重點記述耶穌的生平和事蹟，有何回應？試想像如果只有馬可福音或只有約翰福音的報道，我們對耶穌的了解是多了還是少了呢？
9. 就算在今天的世界裏，我們還是會聽到不少關於異能神蹟的報道；五餅二魚的記載，給你甚麼反省呢？
10. 你認為福音書的作者縷述耶穌的神蹟，只是告訴我們耶穌有特別的能力？還是有其他的意義？
11. 你認為神蹟是信仰的「保證」嗎？想想和耶穌一起的門徒，他們親身經歷過、親眼看見過的「神蹟」有多少？這些經驗能承托他們的生命和信仰嗎？

第七章 耶穌的教導

- 比喻的總覽
- 耶穌的比喻
- 山上寶訓和平原寶訓

只有神蹟而沒有教導的耶穌是一位魔術師，充其量是當時眾多末世思潮的神人中之一位。惟有配合耶穌的教導，耶穌所行的神蹟才能達到其作為「記號」的資格——啟示上帝的旨意、彰顯上帝國度的臨在。在本章，我們根據聖經考察耶穌的言訓。耶穌的教導不一定總是通俗易懂的，要實行起來更是不容易。因為耶穌的話語對我們意義深遠，至今仍具有很實際的意義，所以大有深入領會的必要。

在耶穌的事蹟當中，沒有比他所行的神蹟更突出和使人印象深刻的，然而，耶穌的教導方式卻甚為多元，有預言(太十六21～23)、專題性講論(論主禱文，太六7～15；論愛仇敵，路六27～36)、爭論(太十二22～32)，很難判斷哪一類較為突出，但令人印象最深刻的應該是他的比喻了。在符類福音裏，耶穌的講論大部分都是以比喻的形式表達的，而很多其他的教導都採用了比喻用語來帶出其中的信息；因此，我們甚至可以說，比喻構成了耶穌教導職事的主要成分。比喻故事如「好撒馬利亞人的比喻」或「仁慈父親的比喻」(又稱「浪子的比喻」)更可謂深入民心，甚至被編入名著故事集裏。

7.1. 比喻的總覽

「比喻」的英文parable，源出於希臘語，意思是「把事物放在一起比較」。比喻是借用一些本來不相干的事情或事物來表達較深層的意義。耶穌的比喻往往取材自當時巴勒斯坦地區的日常生活，從生活中的場景、物體、事件和人物，突出耶穌信息的要義，例如描述上帝，以及說明上帝期望世人在他的國度裏如何生活。

福音書以外的比喻

使用比喻教導並不是耶穌獨有的，在猶太文化裏，也有不少拉比**使用比喻作為教導的形式**。在舊約聖經裏，也有使用比喻的，例如，箴言六章7至8節把螞蟻跟人作比較：螞蟻努力收集食物，未雨綢繆，人也應該自食其力，履行自己的責任。先知以賽亞則把當時的以色列人，比喻為不結好葡萄的葡萄園，後來園主決定不再看顧這葡萄園(賽五1～6)；以賽亞說，如果以色列人在生活上繼續不結出好果子(即行公義)，上帝也會像葡萄園主人那樣，不再看顧他們了。此外，古希臘著名的《伊索寓言》(源自公元前6世紀)中的故事，例如「龜兔賽跑」的故事，基本上也與耶穌的比喻非常相近。

猶太拉比稱之為mashal；這詞涵蓋許多講論形式，像謎語、寓言、箴言、故事等。

就如耶穌所行的神蹟並非全都收錄在福音書裏，同樣，收錄在福音書中的比喻(和其他教導)大概也只是耶穌生平所講的其中一部分。不少早期的基督教文獻都聲稱收錄了耶穌的比喻，其中最備受近年西方聖經學者關注的次經福音書《多馬福音》，就輯錄了114句語句，聲稱是源自耶穌的講論，其中也有部分是比喻。雖然這些文獻對研究耶穌話語方面有很大的貢獻，但我們深信，收錄在聖經4卷福音書裏的都是最重要的例子。

那麼，福音書共記載了多少個比喻呢？這問題不容易回答，因為不同學者有不同的界定方式。以下的圖表所列出較為完整的比喻故事，**共47個**，例如：耶穌把將要來臨的天國，跟農夫撒種作比較(太十三3～9)、跟隱藏的財寶作比較(太十三44)、跟稗子與麥子作比較(太十三24～30)。

這裏參考R. H. Stein, An Introduction to the Parables of Jesus. (Philadelphia, PA: Westminster, 1980), 頁22～26。

在某些比喻的後面，另有解釋說明，例如馬太福音十三章36至43節。這些說明，有助於剛剛開始跟隨耶穌的人了解他所傳的信息。另有一些比喻只屬簡短的言論，共37個，例如：瞎子給瞎子領路的比喻

(太十五14)、家庭內自相紛爭必致毀滅的比喻(太十二25)等等。

值得留意的是,雖然約翰福音並沒有與符類福音相近的比喻形式(「比喻」一詞並不見於約翰福音),但約翰福音也不乏類似比喻的講論:牧人、羊、葡萄樹和枝子等等,都是以事物經驗的一面,引帶出更深入的層次。

耶穌比喻一覽

I. 比喻的教導(34)			
	馬太	馬可	路加
A. 關於天國(10)			
1. 撒種的比喻	13.3～9	4.2～9	8.4～8
2. 稗子的比喻	13.24～30		
3. 芥菜種的比喻	13.31～32	4.30～32	13.18～19
4. 麵酵的比喻	13.33		13.20～21
5. 寶藏的比喻/藏寶於田的比喻	13.44		
6. 珍珠的比喻	13.45～46		
7. 撒網的比喻	13.47～50		
8. 種子長大的比喻		4.26～29	
9. 喜宴的比喻/大宴會的比喻	22.1～10		14.15～24
10. 在婚宴中衣著的比喻	22.11～14		
B. 關於服事與順服(5)			
1. 葡萄園工人的比喻	20.1～16		
2. 三個僕人的比喻/按才幹受責任的比喻	25.14～30		
3. 僕人和金幣的比喻/貴冑交銀子予十僕的比喻			19.11～27

4. 僕人的責任的比喻			17.7～10
5. 窄門的比喻			13.24～30
C. 關於禱告(2)			
1. 半夜訪友借餅的比喻			11.5～8
2. 寡婦和法官的比喻			18.1～8
D. 關於鄰舍(1)			
1. 好撒馬利亞人的比喻			10.29～37
E. 關於謙卑(2)			
1. 婚宴的比喻			14.7～11
2. 法利賽人和收稅人的禱告的比喻			18.9～14
F. 關於財富(2)			
1. 無知的財主的比喻			12.13～21
2. 機警管家的比喻			16.1～13
G. 關於學習真理(2)			
1. 新布舊衣的比喻	9.16	2.21	5.36
2. 新舊的比喻	13.52		
H. 關於基督身分的申辯(2)			
1. 國家自相紛爭的比喻		3.22～26	11.17～20
2. 俗語「醫生醫自己」的比喻			4.23
I. 關於基督徒的見證(2)			
1. 斗底下的燈的比喻		4.21～23	8.16～18
2. 量器的比喻		4.24～25	
J. 關於寬容(1)			
1. 兩個欠債的人			7.41～43

K. 關於上帝的愛(3)			
1. 迷羊的比喻	18.10～14		15.3～7
2. 失錢的比喻			15.8～10
3. 仁慈父親的比喻／浪子的比喻			15.11～32
L. 關於人的心思(1)			
1. 使人不潔淨的東西的比喻	15.10～11	7.14～15	
M. 關於論斷人(1)			
1. 瞎子領瞎子的比喻	15.14		6.39
II. 審判與預言的比喻(13)			
A. 關於基督的再來(8)			
1. 十個少女／童女的比喻	25.1～13		
2. 可靠和不可靠的僕人的比喻	24.45～51		12.41～48
3. 遠行家主分錢的比喻	25.14～30		19.12～27
4. 警醒僕人的比喻			12.35～38
5. 盜賊入屋的比喻	24.43～44		12.39
6. 守候的僕人		13.33～37	
7. 分別山羊與綿羊的比喻	25.31～46		
8. 無花果樹的比喻	24.32～35	13.28～31	21.29～33
B. 關於上帝的價值觀(5)			
1. 兩個兒子的比喻	21.28～32		
2. 壞佃戶的比喻	21.33～43	12.1～12	20.9～18
3. 不結果的無花果樹的比喻			13.6～9
4. 不饒恕人的惡僕的比喻	18.23～35		
5. 財主與拉撒路的比喻			16.19～31

這些比喻的內容，都取材自當時巴勒斯坦的日常生活，因此，很容易引起周圍聽眾的共鳴。人與人之間的關係，包括倫常關係(例如父子、主僕)和不同羣體之間的關係(如猶太人與撒馬利亞人)最能挑起讀者的反應。最普遍的可能是自然現象，特別是耔種。每一個在加利利農地工作的人都明白，種子落在路旁、淺土石頭地上、荊棘裏或好土裏，收成就有不同，這都是當時每一個撒種的人所熟悉的經驗。加利利的農夫沒有一個不知道稗子和麥子的樣子相似，也沒有一個不知道稗子帶來耕種上的困難。

由於這些比喻的內容都與當時的人的生活有很密切的關係，要正確解釋比喻的含意，就必須對當時的生活文化和風俗習慣有所認識，這也許是解釋比喻困難的地方。相對來説，對於當時的聽眾，比喻的內容、情節是淺白易明的，但比喻的目的和信息，就不時會令人摸不著頭腦。

解釋耶穌的比喻

耶穌比喻的意義，從一開始就不是容易掌握的。福音書的記載顯示，跟耶穌一起傳道的門徒，也不能明白比喻的意思(參可四10)。

在教會歷史裏，耶穌的比喻也曾引起不少解釋上的爭論，最廣為人知的就是所謂的「寓意解經法」了。這種方法視比喻的每一個細節都有屬靈的意思，並且引申了不少的枝節。例如好撒馬利亞人的比喻中，那些不顧受強盜(惡魔)擄劫的人的，是猶太人的信仰，而那個好撒馬利亞人就是基督，他拯救那受害者(罪人)，並為他抹油(聖靈)，將他交託予客店(教會)和店主(保羅)，等待他回來(主再來)。這種解經法固然有其吸引人之處，但卻離不開主觀臆測之弊病。針對這種解經法的毛病，19世紀的學者提出一個講法，認為比喻只有一個中心／重點。這個觀點頗能修正過分主觀、甚至穿鑿附會的解釋，但卻有將比喻的豐富內容簡約化之弊病。

事實上，解釋耶穌比喻的方法，似乎應該在以上兩個極端中找出平衡。耶穌比喻的信息不能只限制在一個教訓裏；但另一方面，任何的解釋和演繹，也不能離開比喻本身所關注的主題。以下，我們將會稍微進深了解耶穌一部分比喻的意義。

7.2. 耶穌的比喻

耶穌的比喻中有不少集中在有關天國的教導，包括已經降臨的天國，以及即將來臨的天國。在進深明白這方面的比喻以先，我們先看看耶穌的比喻中，其他常見的主題，包括：門徒的意義（太五15～16）、禱告（路十一5～8）、正確使用錢財（路十六1～9）。在這些比喻裏，我們不難看見，耶穌運用形像生動的比喻吸引聽眾的注意力，並抨擊虛偽的態度，使聽眾從一個全新的角度，看見事物的真相，從而進一步引起他們的回應。

7.2.1. 失羊、失錢和浪子的比喻（路十五3～32）

耶穌的比喻的重點不在故事（或情節）本身，而是要聽比喻的人作出適當的回應。聽了而沒有回應的人，也就是「聽了又聽，卻不明白，看了又看，卻看不見」。

在耶穌的比喻中，最為人熟悉的是「浪子的比喻」（路十五11～32）（《和合本》的標題）。

有幾點背景資料有助我們更深入了解這個比喻：

❶ 在猶太人家庭中，兒子都從父親那裏承受家族的產業。通常長子所承受的，往往是他弟弟所得的雙倍。然而，分產業卻是父親死後才作的。小兒子這樣說，與他說希望他的父親去世無異。

❷ 摩西律法禁止人吃豬，甚至不准人觸摸豬(申十四8)；因此，身為猶太人而要看豬，已經是奇恥大辱，遑論跟豬一起吃東西了。

❸ 拿戒指給他戴上，象徵這個兒子在家庭中仍然有崇高的地位；拿鞋子替他穿上，則表明他是兒子，不是奴隸，因為奴隸通常是沒有鞋穿的。

故事是這樣的：一個人有兩個兒子。小兒子向父親要求把應得的家業分給他，既得到了就到遠方去，在那裏放蕩地生活，最後耗盡了一切財物。偏巧那個地方鬧饑荒，小兒子困苦絕望之下，只得去放豬。他又累又餓，終於決定回到父親家裏，一心只要求作一個雇工。但他的父親並沒有生氣，更歡迎小兒子回到家裏，還給他穿上最好的袍子，戴上戒指，穿上鞋子，並設擺宴席慶祝小兒子回來。大兒子卻抱怨父親不公平，他從未像小兒子那樣違背父親，卻沒有得過這樣寬厚的待遇。儘管如此，父親還是決定寬恕自己的小兒子。

根據教會傳統以來對這比喻理解，故事的焦點是小兒子的悔改；但這並非故事的整體意義。這故事最終要突顯的是那位不可思議、無條件接納犯錯兒子的父親，這正好與小兒子的任意妄為和大兒子的自我中心——雖然一生陪伴老父，卻從不明白他的心意——成了一個對比。按此，《現修》以「仁慈父親的比喻」作為故事的標題，是更為恰當的。

財物失而復得確實應當慶祝，但事情若與人有關，我們的內心往往不期然地希望看到他們「自食其果」，你可有這樣的感覺呢？

惟有這樣理解，這個比喻才能與之前耶穌所講的另外兩個比喻——即失羊和失錢的比喻（十五4～7、8～10）——配合起來。這兩個比喻都說明，人復得失去了卻又喜愛的東西是多麼快樂的事情；同樣，天父也會因為罪人的悔改而感到快慰。耶穌帶出這個信息，是因為耶穌與那些被「正義之士」鄙視的「罪人」一同坐席，並且還與羅馬統治者的爪牙，稅吏馬太在一起，這引起了人們的辯論，甚至一些人因此惱怒耶穌，於是耶穌對他們一連講了這3個比喻。如此，在「仁慈父親的比喻」中，小兒子代表罪人、父親象徵憐憫和同情悔改之人的上帝，而大兒子則代表那些自以為義、一心想要得到獎賞、假冒為善的人，例如那些猶太人的宗教領袖——大祭司、文士和長老等。這個比喻既有責備，又有要求，令人深思。

這個比喻（或說，十五章的3個比喻）的結尾是父親向大兒子的勸說，亦是向那些「正義之士」發出邀請：你要跟那找到失羊的人和那尋到失錢的婦人一起快樂嗎？還是你要像那大兒子一樣，留在屋外呢？耶穌的比喻不是德育的教訓，任由聽眾聽或不聽。他的比喻是上帝國的彰顯和邀請；人必須作出選擇。而人對比喻的回應，就決定了他是否明白耶穌比喻的真意。

4個比喻的解釋

耶穌用綿羊與山羊的比喻（太二十五31～46），要他的聽眾思考甚麼是審判的標準。耶穌吩咐他們盡自己所能，幫助貧困的人，因為無論他們向貧困的人作了甚麼，都是為耶穌作的。那些伺候別人需要的人，在上帝到來的時候，將得到永生的賞賜；而那些不能通過上帝審判的人，將受到懲罰。

耶穌用法利賽人和收稅人的禱告作的比喻(路十八9～14)，顯然帶諷刺意味。透過這個故事，耶穌指摘自以為義的法利賽人，自信良善，鄙視稅吏等其他人。耶穌宣稱，上帝喜悅謙卑的罪人，阻擋驕傲的人。

壞佃戶的比喻(太二十一33～43；可十二1~12；路二一9～18)則是影射那些宗教領袖拒絕接受耶穌的權柄(比較可十一27～28)。園戶對園主的聲明漠不關心，頑固不理，最後還殺死了產業的繼承人——園主的兒子。他們的行為是不可饒恕的，人們不得不問：「園主回來的時候，他要怎樣處置那些佃戶呢？」上帝要懲罰他們，並讓其他人來代替他們的職位。雖然以色列的領袖看出，這個比喻是針對他們說的(可十二12)，但是他們並沒有留意這個比喻中的警告。

耶穌和一個律法師討論律法的問題，其間耶穌講了好撒馬利亞人的比喻(路十29～37)。耶穌祝賀這位律法師，因為他意識到愛上帝和愛鄰舍如同愛自己這兩條誡命是所有律法的核心。但是，律法師接著提出一個問題：哪些人屬於「鄰舍」的範圍呢？耶穌解釋說，鄰舍不只是「同鄉人」(這是一般猶太人的看法)，而是所有需要幫助的人。

7.2.2. 有關上帝國的比喻 (太十三章)

在耶穌所講論的比喻中，最重要的一類是關於上帝國的比喻。這些比喻通常是這樣開始的：「上帝的國如同……」或「上帝的國……好像……」。

雖然在前面有關耶穌的比喻的表列中，只有10個被界定為天國的比喻，但按廣義來説，上帝國就是福音，因此，福音書提及的「上帝國的福音」(《和合本》路四43，九2)其實是涉及耶穌所有的教導和事蹟(神蹟)的。

上帝國

在4卷福音書裏，只有馬太福音用「天國」這名稱，其餘的福音書均用「上帝國」；馬太的用詞反映福音書的猶太背景，忌諱直稱「上帝」，而用「天」。其實兩者的意義是完全一樣的。

對於耶穌當時的猶太人來說，**上帝國（即「天國」）**是指大能的上帝來到，救贖以色列民族，改變整個世界。猶太人認為，要加速這國度的來臨，他們必須戰勝外邦的敵人，把他們從祖傳的土地上驅逐出去，並且在世界上建立政治和宗教上的統治權。

耶穌亦採用「上帝國」的核心意義，就是上帝權能的彰顯，但他所教導的，不是要抵抗羅馬，也不是要尋求暴力的解決方法，而是要在日常生活和工作中，彰顯上帝國的力量，改變這個世界。這個上帝國的觀念有兩個層次：既是已經臨到，但又是在將來才完全彰顯的。

耶穌的降世證明上帝國已經臨到人間，因此耶穌教導：「上帝的國就在你們心裏」（《和合本》路十七21）。耶穌的死和復活更證明上帝的主權已經建立；透過耶穌的傳道，並藉著聖靈在初代教會的工作，上帝國已經成為現實。但另一方面，耶穌在主禱文中教導信徒，要這樣禱告：「願你的國降臨，願你的旨意行在地上，如同行在天上。」（《和合本》太六10）這就說明，上帝國雖已來臨，他的能力已經彰顯，但還未完全。耶穌所說的天國，是從他的傳道事工開始，一直延伸至教會，直到耶穌的再來（可九1，十四25）。聖經常用*parousia*這希臘字（意即「出現、來到、降臨」，通常指「主的再來」）一詞來描寫上帝的國度在最後完全的降臨。值得留意的是，「主的再來」中的「主」（參雅五9）雖然可以指上帝，但因為耶穌從太初就與上帝緊密相聯，亦以人的身分把上帝活現出來，主的再來以及上帝國度的完全降臨，通常是指耶穌的再來而言。

今天的讀者一般都很認同耶穌當日對猶太人的責備，但反過來說，我們會否走到另一個極端，無視上帝要求信心須有行為的配合呢？

耶穌呼召他的聽眾進入天國，他用比喻描繪出印象深刻的畫面，告訴人們如何才能進入天國：警醒、守責、禱告、信心、慷慨、謙卑和寬恕。這些教導都源於律法和希伯來聖經（參下文討論「山上寶訓」），然而，他認為當時猶太教領袖對這些律法的解釋，過分看重表面的行為，而忽略內心對上帝的渴求。例如，耶穌不贊同當時猶太人對「聖俗」的分野；他們認為，聖潔就是保持遠離不潔之物、人和事，但耶穌認為，污穢是「從裏面」出來的（可七15）。耶穌認為「法律上真正重要的教訓」是公義、仁慈和信實（太二十三23）；這3項都是耶穌理解摩西律法和傳統的鑰匙。公義是真信仰的仲裁者（可一一15），憐憫大過祭祀（太九13），愛貧窮的人勝於守安息日（路六1～5）。耶穌對律法的理解，改變了許多猶太教傳統對家庭、財富和榮譽的價值觀（太十二46～50　可十17～22；路十四7～14）。

福音書對上帝國的描述是很全面的，包括基督信仰每一個層面，都包含在耶穌所有的教導裏面。簡單而言，上帝國的信息就是福音。

比喻本來就是當時很多教師常用的教導技巧，但耶穌之用比喻帶出上帝國的信息，確是有獨特的意義。耶穌告訴門徒，天國的奧祕只要他們知道，對別人講就用比喻，「他們看了又看，卻看不見，聽了又聽，卻不明白；不然，他們回心轉意，上帝就饒恕他們。」（可四10～12；太十三10～16；引自賽六10）現代讀者看到這樣的解釋，不免有困惑和難以接受之感。耶穌的職事不是要人明白和接受福音的嗎？為甚麼要用比喻使他們不明白，甚至是應驗了先知的預言呢？作者（或先知以賽亞）用傳統先知的表達方式，把永恆的上帝所看到（或預知）的某事的結果，表達成上帝的目的。

對古代的讀者而言，福音書正是慨歎耶穌四周的人對他的拒絕和唾棄的記載。我們不要忘記福音書的寫成是在1世紀中後期（約公元70年左右）。福音書作者撰寫他們的作品的時候，已經是耶穌完成他世上職事之後幾十年了。他們所見證的，是猶太人對耶穌的講論、工作和身分的拒絕。對福音書的作者而言，拒絕耶穌的人的的確確是「看了又看，卻看不見，聽了又聽，卻不明白」。事實上，如果比喻的聽眾不能認識和接受耶穌，他們根本就沒有聽懂比喻。再者，對於相信上帝掌管一切的人來說，人的拒絕都在上帝的智慧和奧祕裏。在這樣的信念下，以賽亞書裏面描述先知宣講上帝旨意反遭人拒絕的經文，正好回應耶穌被拒絕的可悲現實。換言之，耶穌之用比喻，並不是要別人不明白；四周的人不明白比喻，只是因為他們拒絕了耶穌。

在馬太福音裏，幾個重要的天國比喻都收錄在十三章，其中包括：

- 撒種的比喻（太十三3～9）：見耶穌對這比喻的解釋（太十三18～23）。
- 稗子的比喻（太十三24～30）：見耶穌對這比喻的解釋（太十三36～43）。
- 芥菜種的比喻（太十三31～32）：極小的種子種在田裏，很快可長成極大的、能遮天蔽日的大樹。
- 麵酵的比喻（太十三33）：一點麵酵和在大團麵裏，能使全團都發起來。
- 寶藏的比喻（太十三44）：一旦你找到它，你就想變賣一切所有的，來得到它。
- 珍珠的比喻（太十三45～46）：一個聰明的商人會變賣一切所有的，來得到它。
- 撒網的比喻（太十三47～50）：因為它將有用、無用的東西都打撈上來，然後再分揀。

上帝國予人微小、軟弱的形象，對於今日追求為上帝「成就大事」的人來說，有甚麼提醒？

對部分猶太人來說，這些比喻是難明白的。「上帝的國」不是上帝的統治和權勢彰顯嗎？不是將外族人的枷鎖解脱的時候嗎？上帝的國怎會像微小的芥菜種子或麵酵呢？在上帝的國裏怎麼可能還有稗子的存在呢？但耶穌的比喻，正要説明這個奧祕。上帝的國與羅馬或任何地上的政權是截然不同的。表面看來，上帝的國是那樣的微不足道和弱小。然而，在歷史的某一天，收成的一刻，上帝的國必定要收成30倍、60倍和100倍；儘管在現今的階段來看是怎樣的不可能，也許種子都落在路旁、淺土石地、或荊棘叢內，但仍然有種子是跌落在好土裏的。儘管今天在田裏仍然有稗子，但在歷史的那一天，稗子必然被挑出來，捆成捆，留著燒（亦參「撒網的比喻」太十三47～50）。是的，上帝國降臨的那一天，天上的所有飛鳥都要棲宿在其上，儘管現在「芥菜種」是如此的微小。是的，上帝國降臨的那一天，上帝國的宴席要使許許多多的人得飽足，儘管「麵酵」現在是如此的不顯眼。

值得注意的是，儘管現在看來是如此微小和虛弱，但上帝的國已經來臨了。上帝的國就好像藏在地裏的寶藏一樣毫不奪目，但找到的人一定高興得將所有一切的都變賣，以買得這塊地（太十三44）。又「好比一個商人尋找貴重的珍珠。當他發現了一顆亘價的珍珠，就去賣掉他所有的一切，來購買這顆珍珠。」（太十三45～46）

7.2.3. 耶穌就是比喻

耶穌的比喻最與眾不同的地方，也是叫當時的猶太人最感到困惑之處，那並不是他講關於上帝國的事，而是他的職事本身正見證著上帝國的降臨：「如果我靠上帝的靈趕鬼，這就證明上帝已經在你們當中掌權了。」（太十二28）

他的職事和生平，正正是那看來毫不顯眼、弱小和無用的芥菜種和麵酵。每一個尋找他和發現他的人，都要變賣一切以擁有他（放下一切跟從他）。無論他和他的跟從者

> *上帝以似乎是脆弱的福音來成就救贖，對我們有甚麼啟發？你是否願意在今日這個崇拜成功的社會裏，為主的緣故，甘心作軟弱的人？*

看來何等脆弱，但在歷史終結的一天，必定會有30倍、60倍、100倍的收成；天上的一切飛鳥都必棲身在其上；上帝國的宴席必讓許許多多的人飽足和歡樂。就好像路加福音十五章的3個比喻，耶穌與罪人和稅吏一起，也邀請人分享上帝接納罪人的喜樂。

耶穌的比喻是上帝國的奧祕；耶穌的生平和職事就是一個奧祕，是人所不能理解的奧祕。上帝怎麼會以這樣卑微和弱小的形式來完成他的救贖工作？究竟上帝怎樣實踐他的救贖？上帝怎樣看待罪人？也許只有比喻，而不是論述證據，才能捕捉上帝的奧祕。隨著福音書縷述耶穌的生平，我們也愈發體會耶穌是上帝的奧祕。這個奧祕委實是人難以用「常理」推測的。也許，我們會漸漸明白那位年老的先知西面的一番話：「這孩子被上帝揀選，是要使以色列中許多人滅亡，許多人得救。」(路二34)

7.3. 耶穌的講論：山上寶訓；平原寶訓

耶穌在加利利旅行傳道，人們聚集在他周圍，聽他的教導，其中最令人難忘的教訓都被集中在一起，稱為「寶訓」。一般認為，「寶訓」的內容不可能只是一次聚會的講道。在4卷福音書裏，只有馬太福音和路加福音收錄了這些教訓，但**篇幅的長短不同**。在仔細的閱讀下不難發現兩卷福音書對這些講論的記載是頗有分別的。

馬太的記述共111節經文，但路加的記述只有29節。

首先，**馬太福音記載的是耶穌「上了山」的教訓**(太五1)，而路加則說耶穌是「下了山，站在平地上」(路六17)。歷來就有不少研讀聖經的人討論此事。有說是耶穌在不同的場合分別講了這些教訓，也有人說兩個場合其實是同一個場合，所謂的平地，不過是山上的平地而已。這些講法在理

馬太記載耶穌在一座山上教導八福，有些早期教父認為是他泊山(Mount Tabor)。

論上並非沒有可能。不過，我們注意到，山上／平原寶訓和其他福音書的記載一樣，都有重複出現的情況，但在所有重複的記載裏，幾乎沒有一件事件是完全一模一樣的，總是有詞彙上、時序上、數字上或人物上的差異。這樣，如果我們每次遇上類似的情況，即同樣的事件在記述內容上有些許差異，就以為它發生了兩次、甚至3次的話，我們遇到的困難恐怕要比我們所能解決的還要多。

4卷福音書對同一事件的記載也可能有出入，這會否使你懷疑聖經的可信性？

要解答這個難題，也許正如我們在第一章曾提及的，每一位作者撰寫福音書，是經過資料收集和編排的（就好像路一1～4所言）。而每卷福音書作者的編排和撰寫都不是機械式的實錄（不然我們就不需要4卷福音書了），而是本著他們所有的資料和傳統，按著他們和他們的教會羣體所面對的處境來寫的。正如我們在討論耶穌的神蹟時曾指出，就算是記載耶穌的事蹟，福音書的作者亦不甘於為讀者提供純粹的「歷史事蹟」。福音書作者要讀者能在這些事件中看見上帝的彰顯和救贖的工作。正如約翰福音的作者說：「本書記述的目的是要你們信耶穌是基督，是上帝的兒子，並且要你們因信他而獲得生命。」（約二十31）在這個前題之下，我們完全可以明白為甚麼各卷福音書在編排和陳述上會略有分別。因為不同羣體的背景和組成，對信仰的期望和理解自然會有所分別。福音書作者自然對信息重點有不同的取捨了。

7.3.1. 山上寶訓 (太五～七章)

馬太福音的山上寶訓最突出的是耶穌的教訓和猶太傳統兩者之間的關係（這是路加福音所沒有的）。馬太福音的山上寶訓裏常常出現的對比「你們聽過古人的教訓說⋯⋯但是我告訴你們⋯⋯」，顯然將猶太人的律法傳統與耶穌的教導作一對照，背後有極濃厚的猶太色彩。無論是因為作者是歸信基督的猶太教拉比，還是讀者是受猶太文化熏陶的教會（參本書2.1.1），馬太福音都要藉耶穌的講論，讓他們認識耶穌和猶太律法的關係，並基督徒的倫理守則。

在馬太的山上寶訓裏，耶穌清楚指出他和舊約之間緊密不可分的關係：「不要以為我來的目的是要廢除摩西的法律和先知的教訓。我不是來廢除，而是來成全它們的真義。我實在告訴你們，只要天地存在，法律的一點一畫都不能廢掉，直到萬事的終結。」（太五17～18）現代基督徒也許不大明白這些教訓的重要，但對於早期基督徒，特別是不知道應該怎樣為猶太律法定位的基督徒而言，這是極其關鍵的。如果我們知道教會歷史裏面後來出現過像**馬吉安**（Marcion，公元2世紀）一類的人，他們完全否定舊約和猶太傳統的想法，實際上是動搖了信仰的根本的話，也許我們會更加欣賞馬太所強調耶穌講論背後的猶太色彩。

馬吉安原是2世紀的一個信徒，但他對信仰片面和扭曲的理解，使得他偏離了信仰的舊約基礎，也撇棄了具有猶太色彩的新約作品。馬吉安後來被定為異端。

當然，在馬太福音裏，耶穌不僅承續舊約的律法和傳統，他實在是解釋猶太律法和傳統的鑰匙。馬太福音裏常見的「這就應驗經上記著說」無非就是說明這點，而山上寶訓裏的「你們聽過古人的教訓說……但是我告訴你們……」，也正正要指出耶穌不僅是先知裏的一位，或是另一位的摩西，他是「以馬內利」（一23），是「比聖殿更重要」（十二6）、「比所羅門更重大」（十二42）、律法賴以詮釋的上帝的兒子。

所以，將馬太福音五至七章視為「新律法」的講法是可以成立的。然而，這新律法的精髓不在於條文的遵守，而在於生命的實踐：「你們要完全，正像你們的天父是完全的。」（五48）耶穌所傳的律法不應使人覺得自己比別人更虔誠、更有義、更屬靈，而是促別人能看見和經歷天父上帝。耶穌的律法不應造成人與人之間的分別和等級；相反，它應該使人能聚攏、能聯合。

馬太福音的山上寶訓不僅能幫助那些糾纏在猶太律法的信徒，對那些認為信仰能帶給他們無限自由的人就更是當頭棒喝。在新約其他書卷裏，我們也可以知道早期教會面對的其中一個難題是「自由」的真義。有人以為自由就是隨己意而行，不需要向任何人、為任何事負責。甚至在早期教會裏，有些人還認為自己的屬靈經驗足以證明他們是屬於上帝的。然而，耶穌卻清楚指出屬於上帝國的人的特質：

> 不是每一個稱呼我『主啊，主啊』的人都能進天國；只有實行我天父旨意的才能進去。在末日來臨的時候，許多人要對我說：『主啊，主啊，我們曾奉你的名傳上帝的信息、也曾奉你的名趕許多鬼、行許多奇蹟。』那時候，我要公然地告訴他們：『我從不認識你們；你們這些作惡的，走開吧！』所以，所有聽見我這些話而實行的，就像一個聰明人把房子蓋在磐石上……（七21～27）

你有否想過山上寶訓所要求的究竟是怎樣的生活？你是否預備好回應上帝呼召我們過的這種生活？

注意耶穌説的是「只有實行我天父旨意的」，並不是「實行律法的」。這再一次指出耶穌倫理教導的中心，不在於遵守條文，而在於實踐上帝旨意的生命。

主禱文

按馬太福音的鋪排，我們所熟悉的主禱文也是山上寶訓的一部分（太六9～13）；然而，路加福音記述有另一個較短的版本（路十一2～4）。馬太的版本較長，這版本的《和合本》譯文亦是一般教會所採用的版本：

- 「在天上的父」：耶穌稱上帝為「父親」，並讓門徒分享他與上帝的關係；馬太加上「在天上」，表示上帝的超越性；
- 「願人都尊你的名為聖」：表示上帝配得最高的榮譽；
- 「願你的國降臨」：禱告的主題；
- 「願你的旨意行在地上，如同行在天上」：說明天國的降臨，就是整個世界在上帝的統治之下；
- 「日用的飲食」應指「今日的飲食」，適合禱告者在每天開始的時候祈求；馬太在「今日」祈求「日用的飲食」，路加則「天天」祈求賜下足夠的飲食；
- 「免我們的債」：是亞蘭語對罪的委婉的說法，求上帝赦免人們的罪；
- 「如同我們免了人的債」體現了耶穌在這個主題上堅持的主張；
- 「不叫我們遇見試探」，可譯作「不要領我們進入試探之地」，或是「救我們脫離魔鬼」(或馬太福音中的「兇惡」)。

大多數早期的新約聖經抄本均沒有結尾的部分：「因為國度、權柄、榮耀全是你的，直到永遠」。大多數學者均認為，這結尾是日後教會採納這禱文為教會崇拜禮儀時加上去的。

我們很難確定這篇「主禱文」是否耶穌自創的，但明顯的是，在猶太人中流行的禱文，有一些與這篇主禱文很相近，其中最著名的是《尊聖禱告》，這篇禱文(希伯來文)已經收在今天猶太人的官方公禱書內，但其起源則未能確定：

> 願祂的大名，在按其旨意創造的世界中，被尊為大為聖。願祂在你們有生之日，並在以色列全家的有生之年中，甚至盡快在不久將來，建立祂的國度，願你們都說：阿們。願頌讚永遠歸於祂的大名，直到永恆。

7.3.2. 平原寶訓 (路六17～49)

相對馬太福音共111節的「山上寶訓」，路加福音的「平原寶訓」只有29節經文。而馬太福音裏面特別明顯的猶太色彩，路加福音裏就沒有了。因此許多研讀聖經的人相信，路加福音讀者所面對的信仰問題和掙扎，與馬太福音的讀者所面對的頗是不同。

首先，路加對講論背景的描寫，饒有意義地顯露路加所感受耶穌的情懷：「耶穌和使徒們一起下了山；他與許多門徒一起站在平地上；擠擁的羣眾從猶太全地、耶路撒冷和沿海城市泰爾、西頓等地集合到那裏。」(路六17) 路加筆下所載耶穌的職事和恩惠，顯然不僅僅顧及猶太人，也臨到外邦異族人身上；因為泰爾、西頓之地，正是異族屯居之地。(參太十五21～28；可七24～30)

路加和馬太的教訓都同樣指出信仰和行為的重要性，同樣記載耶穌那震古鑠今的倫理教導：「愛仇敵」。這個倫理教導在西方社會裏成為一股非凡的力量，在以武力、權勢和經濟成就為尚的黑暗世界裏，燃亮了希望的火炬。耶穌的教訓，不僅僅對基督徒說話，也震撼了非基督徒的心靈。在近代歷史裏，印度的甘地、美國的馬丁．路德．金 (Martin Luther King) 先後倡議的「非暴力」抗爭運動，都是受耶穌的山上／平原寶訓中「愛仇敵」的教導所啟發的。

你對於「非暴力」抗爭運動有甚麼看法？在這個以力勝力的社會，你認為「非暴力」抗爭可行嗎？

路加福音裏的平原寶訓，還有一個重點是馬太福音所沒有的。對比馬太的山上寶訓那八福 (五1～12)——仔細數數，**其實是九福**——路加的平原寶訓卻是「四福」和「四禍」(六20～26)。馬太的「福」，重點似乎是基督徒生命的品格和氣質：「承認自己靈性貧乏」、「為罪惡悲傷」、「謙和」、「渴望實行上帝旨意」、「以仁慈待人」、「心地純潔」、「促進和平」和「為了實行上帝的旨意而受迫害」；而路加所討論的「福」、「禍」則是相當具體和生活性的，「福」是：「貧窮，飢餓，哭泣，為人子的緣故被人懷恨、棄絕、侮辱、當作邪惡……」，而「禍」則是：「富有，飽足，歡笑，人人都稱讚的時候……」。

值得留意：馬太以第三人稱來記述八福 (最後一福除外)，路加則採用了第二人稱的方法。

你是社會的邊緣人士，抑或是有份參與將這些羣體推向邊緣的人？路加的信息怎樣激勵、提醒你？

馬太關注的是符合天國要求的態度和行為，並強調內心動機與行為的一致。路加則期待當天國降臨的時候，貧富不均的經濟局面得到扭轉，這是他的主要論題之一（例如路一46～55）。如果馬太福音的山上寶訓流露了福音書背後的猶太色彩，那麼路加福音就見證了它背後的信仰羣體所面對實際的物質生活問題。研讀路加福音的人，大都認同路加以耶穌的教訓來鼓勵貧窮缺乏的人，同時亦提醒、甚至斥責富足的人，不可忽略了困乏人的需要。事實上，整卷路加福音都充滿了對社會邊緣人士或低下層羣體的憐憫。而平原寶訓裏（六20～26）的教導，就清楚顯出這個關注。

耶穌的自稱

在耶穌的教導中，他不時對自己的身分有很大膽的宣稱；以下列出一些例子：

- 「我父親已經把一切都給我了。除了我父親，沒有人認識兒子；除了兒子和兒子所願意啟示的人，也沒有人認識父親。」（太十一27）
- 「我就是生命的食糧；到我這裏來的，永遠不餓；信我的，永遠不渴。」（約六35）
- 「我是世界的光；跟從我的，會得著生命的光，絕不會在黑暗裏走。」（約八12）
- 「我鄭重地告訴你們，亞伯拉罕出生以前，我就『有』了。」（約八58）
- 「我是好牧人；好牧人願意為羊捨命。雇工不是牧人，羊也不是他自己的。他一看見豺狼來，就撇下羊逃跑；豺狼抓住羊，趕散了羊羣。」（約十11～12）
- 「我就是復活，就是生命。信我的人，雖然死了，仍然要復活；活著信我的人一定永遠不死……。」（約十一25～26）
- 「我就是道路、真理、生命；要不是藉著我，沒有人能到父親那裏去。你們既然認識我，也會認識我父親的。從此你們認識他，而且已經看見他了。」（約十四6～7）
- 「我是真葡萄樹；我父親是園丁。……我是葡萄樹，你們是枝子。那常跟我連結，

而我也常跟他連結的，必定結很多果實；因為沒有我，你們就甚麼也不能做。」(約十五1、5)

每一個耶穌的宣稱都是他向聽道的人發出的挑戰，要麼相信他、接受他自我宣稱的地位，要麼不相信他、徹底地拒絕他所說的一切。

你認識的耶穌是怎樣的耶穌？你要怎樣回應他向你發出的挑戰？

溫習問題

1. 耶穌的講論和耶穌的神蹟，兩者之間哪一項較重要？為甚麼？
2. 「寓意解經法」有甚麼弊端？解釋耶穌比喻的正確方法應該是怎樣？
3. 失羊、失錢和浪子的比喻的信息是甚麼？耶穌說這3個比喻的目的是甚麼？
4. 耶穌為甚麼要用比喻？是要叫人聽了也不明白嗎？
5. 猶太人對於上帝國的概念與耶穌所說的有何不同？
6. 對於哪些人可以進入天國，猶太人的觀點與耶穌的有甚麼差異？
7. 上帝國的已經來到，對聽耶穌的比喻的人有甚麼要求？
8. 耶穌的職事與他所說的天國比喻有甚麼相似之處？
9. 馬太福音的山上寶訓有甚麼重點和特色？
10. 路加福音的平原寶訓如何反映它背後的信仰羣體的處境和需要？

第八章

耶穌在加利利的職事

- 耶穌與猶太教的關係
- 差遣門徒傳道
- 作門徒的意義
- 耶穌預言受難

在前兩章裏，我們先後從耶穌的神蹟和講論，探討了耶穌的職事及其意義。在這一章我們將介紹耶穌進入耶路撒冷前，在加利利一帶的工作。根據符類福音書的記載，耶穌的早期傳道工作集中在加利利一帶，無怪乎3卷福音書都以相當的篇幅載錄耶穌的工作(太四12～二十34；可一14～十52；路三23～十九27)。為免重複先前的討論，這一章我們會聚焦在耶穌怎樣向猶太人和他的門徒啟示他的身分和職事。

8.1. 耶穌與猶太教的關係

耶穌是個猶太人，這是個不爭的事實。但過去曾有一段相當長的時間，有些學者將耶穌自當時的猶太文化中抽離出來，這做法令我們對耶穌的了解流於片面。事實上，任何閱讀福音書的讀者都會發覺，耶穌職事的處境和對象，十居其九是猶太宗教文化和猶太子民。要了解耶穌的生平和意義，根本不能置猶太教與猶太人於不顧。從另一個角度看，我們愈多掌握猶太宗教文化的處境，就愈能了解耶穌的職事和生平。

8.1.1. 耶穌的猶太文化背景

你認為約瑟和馬利亞的敬虔對耶穌的成長有甚麼影響呢？對於你現在或將來為人父母有甚麼提醒和教導？

按福音書的記載(路二21～24)，我們可以相信耶穌受教於一個相當敬虔的猶太家庭。路加福音記載，耶穌的父母親在他出生後滿了8天就為他施行割禮，恪守猶太律法的要求(創十七12；利十二3)。在母親馬利亞生產潔淨後，他們還「按照摩西法律的規定」(利十二3～8)，帶同嬰孩耶穌上耶路撒冷奉獻歸主，「依照主的法律所規定」獻祭。不僅如此，約瑟和馬利亞每年都按照摩西的律法（出二十三14），在逾越節期間上耶路撒冷過節（路二41～42）。

在加利利的公開職事裏，猶太會堂是耶穌工作的地方：「耶穌走遍加利利全境，在各地方的會堂裏教導人，宣講天國的福音，治好民間各樣的病症。」（太四23）他所傳講有關上帝國的福音，固然是猶太人所熟悉的盼望和觀念，而他的職事對象，雖不是排拒外邦人，但卻是以猶太以色列家為主（太十五24）。

耶穌的宣講方式，固然與當時的拉比頗有相同之處，而他所徵引的經書，也是猶太人所熟悉的聖經（即我們的舊約聖經）。以下用幾個例子說明：

- 耶穌剛出來傳道的時候，在家鄉拿撒勒的會堂，用以賽亞書六十一章1至2節傳講福音（路四16～22）；
- 耶穌以摩西的律法回應有關離婚的問題（可十1～9）；
- 耶穌以十誡回應少年人的問道（可十17～21）；
- 耶穌以舊約經文（賽五十六7；耶七11）斥責那些在聖殿裏作買賣的人（可十一15～17）；
- 耶穌用詩篇（一一八22～23）暗喻自己的身分和猶太人的反應；
- 復活後的耶穌用舊約經文說明自己的職事和身分（路二十四27）。

從以上的介紹可見，猶太宗教文化正是耶穌職事的土壤。猶太信仰裏的傳統和經書，為我們了解耶穌的身分和工作，提供了不可或缺的背景和資料。另一方面，雖然耶穌與猶太宗教文化有如斯緊密的關係，我們也不能忽略兩者間的距離。事實上，要認識耶穌生平，其中不可忽略的一部分就是他與猶太宗教文化間的張力。

8.1.2. 耶穌與猶太教領袖間的衝突

從福音書可見，耶穌和猶太教領袖間的緊張關係，部分由於耶穌對猶太人的信仰，特別是律法的詮釋和應用，與當時某些猶太教領袖有相當大的分歧。耶穌在馬太福音的「山上寶訓」固然突出了這個問題的癥結，而在耶穌的職事裏也不乏顯示這種衝突的片段。以下我們要探討的3個記載，都見證了耶穌與當時猶太信仰的關係。

耶穌和安息日的關係（太十二1～13；可二23～28；路六1～10）

耶穌的門徒在田裏掐麥穗充飢，原是律法所允許的（申二十三25），法利賽人所抗議的是他們在安息日裏作這些事。換言之，耶穌的門徒觸犯了安息日的誡命（參6.2.3），「你看，你的門徒做了在安息日不准做的事！」耶穌的回答表示律法並不是上帝子民敬奉的對象。事實上，律法的功能在於服事而不是駕馭。耶穌接著用大衛和部下進入聖所吃了只有祭司才可以吃的餅（撒上二十一6），來說明這道理。耶穌在馬太福音的結論，一方面指出他才是律法詮釋的根據和鑰匙：「這裏有比聖殿更重要的」（十二6），同時也指出上帝所要求的，不是儀文禮節的糾纏，而是掌握其中的精髓：「我要的是仁慈，不是牲祭。」（十二7）

在福音書稍後記載耶穌對法利賽人的回應裏，我們知道法利賽人所關注的是律法的條文，不是律法所服事的生命。所以，當耶穌質問他們可否在安息日治病，或在安息日救掉在坑裏的羊之際，正正顯露他們糾纏的是律法的字句而不是其中的精意。

「污穢和潔淨」(可七1～23；太十五1～20)

讀者應該知道，二千年前的猶太人所理解的「污穢和潔淨」，並不是我們今天講的衛生清潔。福音書裏所講的污穢和潔淨，其實是從宗教禮儀的角度講的禁誡和忌諱。也就是說，他們認為污穢的，不是甚麼細菌或病毒，而是有礙他們崇拜或身分表達的東西。也許因為猶太人藉著用水清潔來表達潔淨，我們也就理所當然地以為他們所關注的是衛生。其實他們之用水「潔淨」，其意義是象徵多於實質的。

馬可福音所詳載的資料和解釋(洗手和器皿)，極可能反映耶穌時代部分猶太人的習俗。他們認為人對這種方式和儀文的實踐，是說明了人對信仰的虔敬和真誠。所以，他們對耶穌門徒的行為(沒有洗手就吃飯)感到困惑甚至不滿。耶穌的回答和挑戰，直指質疑者的問題所在。

仔細閱讀和思考耶穌在這裏和其他類似記載的回應，可以知道耶穌並不否定猶太人的信仰條文和律法。耶穌所否定和質疑的，是人有否捨本逐末，拘泥於字句條文而忽略了其中的精神。糾纏於安息日可不可以作工而無視生命的需要和重要，就是其中一個例子(太十二9～12)。若人只著眼摩西的律法而不見上帝賜下律法的精神和原意，那麼人就是「技巧地拒絕上帝的命令，為的是要拘守傳統」了。更具體的說，如果人認為自己對上帝的奉獻可以免卻其對父母的供獻，無視律法裏對孝敬雙親的要求，那就成了「拿你們傳授給別人的傳統來抵消了上帝的話」的明證了。如此，我們就能明白耶穌為甚麼說這些是假冒為善的人。因為他們用嘴唇尊敬上帝，心卻遠離上帝。

在教會生活的範疇，你可以分辨哪些是人的教導和傳統，哪些是上帝的真理嗎？

耶穌的權柄(太十二22～32；可三20～30；路十一14～23)

除了詮釋律法和信仰傳統，耶穌和猶太領袖的爭議，更在耶穌職事的權柄和根據。在前面幾章裏，我們已經約略討論耶穌醫病趕鬼的權柄。在這一節裏，我們更要看看一個相當激烈的對峙片段。

對於耶穌的工作和成果，經學教師們的反應是出人意表的，因為他們誣稱耶穌無非是被鬼王別西卜所附，是靠他趕鬼的。耶穌回答道：

> 撒但怎能驅逐撒但呢？(可三23下)
> 如果我靠著上帝的靈趕鬼，這就證明上帝已經在你們當中掌權了……所以，我告訴你們，人所犯一切的罪和所說一切褻瀆的話都可得到赦免；但是褻瀆聖靈的人不能得到赦免。(太十二28～31)

耶穌的回應有兩個極其重要的意義。耶穌的工作並不依仗撒但的權力。然而，撒但的國度確實是站立不住了。這不是因為撒但的國度裏產生內訌，而是因為有更強的力量摧毀撒但的權柄和國度。那就是施洗約翰所言的「比他偉大多了」的那位，也就是在曠野裏已經勝過撒但試探的耶穌。所以，耶穌的趕鬼醫病，不僅僅是異能奇事，而是上帝國臨到和開展的明證。否定、干犯人子的工作雖會帶來破壞，但還不至於不可赦免，但眼見上帝恩惠的彰顯仍斷然拒絕、甚至訴諸撒但的能力和工作，這種在心思意念和行為上對上帝的靈的褻瀆，無疑是自絕於上帝的救贖和赦免。

8.2. 耶穌差遣門徒傳道 (可六6～13；太十1～16；路九1～6，十1～12)

與今天的門徒不同，在初代的門徒中，很多都是傳道人。耶穌不單止自己傳道，他也吩咐他所選立的12個門徒和其他門徒肩負傳道的職責。耶穌並賜權柄予他的門徒，讓他們講道、醫病和趕鬼，這樣他們就可以延續並擴展耶穌的工作。他們將要像耶穌一樣宣告上帝的國，但是他們不能指望所有的人都會對其所傳的信息產生回應。耶穌也警告他們將要面對許多的敵視和逼迫。

有關耶穌呼召幾位重要門徒（或使徒）的經過，我們在前文4.3已經討論過，這節將集中討論耶穌差遣門徒出去傳道。

有關文中提及的「72人」，有些抄本是「70人」。創世記十章收錄了挪亞後裔世系的名單，根據這些記載，世上一共有72（另有抄本是70）個民族。無論是72人抑或是70人，耶穌差遣他們，也許是想表明他的福音要傳給世上所有人。

符類福音書對於這方面的記載主要有兩段：第一段是耶穌差遣十二使徒（可六6～13；太十1～16；路九1～6），而路加福音則另外記載耶穌差遣**72位門徒**（路十1～12）。雖然「72」這數目，既可象徵世上所有的民族，亦可泛指一個較大的數目，但在耶穌對門徒的指引方面，這兩段經文的記載都很相似。

使徒既要作耶穌的繼承人，就必須先有傳福音的訓練和經驗；耶穌差遣門徒到以色列人中傳道時對門徒的指示，表明耶穌關注到門徒未來事工的需要。按福音書所載，耶穌差遣他們**「兩個兩個地出去」**（可六7），固然讓門徒間可以相互照應和彼此支持。另一方面，也可能反映猶太人的習俗，認為在爭議或關鍵的情況下，一個人的見證不足夠，必須要有兩個以上的見證才能作準（申十九15）。

這個避免單獨工作的原則亦見於使徒行傳裏（參徒八14，十三1，十五22、39）。

耶穌差遣門徒的記載，顯示他們對傳道有一種非常緊逼的意識。你認為他們對傳道職事和機會的心態，對今天的宣教傳道工作有甚麼提醒？

從耶穌對他的門徒的叮囑可見，耶穌的門徒和早期的傳道者的裝備是極其簡單的──「除了一根手杖，甚麼東西都不用帶；不帶食物，不帶旅行袋，口袋裏也不帶錢」（可六8）。門徒的裝備固然反映在古代世界裏，一般低下階層人士旅途上簡陋的物質條件。另一方面，門徒簡樸的裝備，也顯示他們認為他們的職事是非常緊逼的，物質的考慮和計劃都不重要，重要的是在短促緊逼的時間內，將上帝的福音傳播出去。

昔日門徒仰賴別人的接待來支持他們傳道的生活。你認為今天可以有同樣的情況嗎？

古代遊士的處境和門徒傳道的緊逼氣氛亦見於耶穌對門徒的囑咐：「當你們到了一個地方，哪一家願意接待你們，就住在那裏，直到你們離開那地方。無論到甚麼地方，如果當地的人不接待你們，也不聽你們的話，你們就離開那地方，把腳上的塵土也跺掉，表示對他們的警告。」(可六10～11)古代沒有像今天的旅遊設施，客店旅館並不一定安全，也不是隨處都有。一般而言，離家在外的人需要倚賴當地人的接待，而主人是否願意接待客旅在乎兩者間是否有某種契約或關係存在。所以，經文中：

- 「住在那裏」不僅僅指旅客得有住處，更表示主客間存在著相互認同的關係和信念；
- 「不接待」所表示的不僅是不客氣或不慷慨，更是表示主人拒絕接受訪客所代表的；
- 「把腳上的塵土也跺掉」就是回應拒絕接待旅客的家主，見證這種相互接納的關係因他的拒絕而不存在，如果有任何事情發生的話，責任就不在訪客了。

福音書指出門徒是從耶穌領受權柄出去傳道，故此，拒絕接待門徒，就是拒絕門徒所代表的耶穌了。此外，跺腳去塵是外遊的猶太人重返巴勒斯坦的動作，意指不讓外邦異教的塵土污染聖地。所以，門徒把腳上的塵土跺掉，也就表示將那些拒絕接待他們的人置在外邦之列、不將他們歸屬為上帝的子民了。

8.3. 作門徒的意義

耶穌在加利利的職事裏，除了醫治、趕鬼、傳道和教訓之外，亦不乏對天國子民(門徒)的教導和講論，其中包括了門徒的身分、使命，以及門徒間彼此的關係。

8.3.1. 天國子民的身分和責任 (路九21～62)

門徒和耶穌在旅途上的對話，一方面顯示門徒並不了解作耶穌跟從者的意思，另一方面，耶穌所說的一番話，也是令人費解的。

對於那些拒絕福音、甚至對你惡言相向的人，你以甚麼態度來相對？

在加利利往耶路撒冷的途中，耶穌和他的門徒經過撒馬利亞的一個村莊，但當地人拒絕接待他們，耶穌的門徒雅各和約翰兩兄弟竟然對耶穌說：「主啊，你要我們(像以利亞一樣)呼喚天上的火來燒滅他們嗎？」雅各和約翰提出的請求，使我們想起舊約列王紀下一章9至12節的記載，就是先知以利亞以火毀滅以色列王亞哈謝的使者，作為對亞哈謝拒絕耶和華的審判。約翰和雅各兩兄弟是否代表著門徒的立場，我們並不曉得，但他們顯然以為自己所求所作的正是合乎(舊約)聖經、甚至合乎上帝的心意的。誰知道他們正與耶穌傳道職事相違背。耶穌並不是他們心目中的彌賽亞，他的職事是拯救，而不是毀滅，即使那些拒絕他的人，也在他的拯救之列。

按《和合本》的翻譯，路加福音九章55節是這樣的：「耶穌轉身責備兩個門徒，說：『你們的心如何，你們並不知道。人子來不是要滅人的性命，是要救人的性命。』

但《現修》卻沒有「說……」這番話，這是因為這番話沒有出現在最古老和最可靠的抄本裏。

然而，接著在路上耶穌向那些打算跟從他的人所說的話，卻不易理解。

有一人對耶穌說：「你無論到哪裏去，我都要跟從你。」耶穌說：「狐狸有洞，飛鳥有窩，可是人子連枕頭的地方都沒有。」他對另一個人說：「來跟從我。」可是那個人說：「主啊，請讓我先回去埋葬我的父親。」耶穌說：「讓死人去埋葬他們的死人吧！至於你，你要去傳上帝國的福音。」又有一個人說：「主啊，我要跟從你，但是請讓我先回去向家人告別吧。」耶穌對他說：「手扶著耕犁而不斷向後看的人對上帝國是沒有用處的。」（九57～62）

耶穌的話表面看來突兀、甚至不近人情。然而，我們必須明白，耶穌這一番講話是在耶穌步向耶路撒冷的旅程之內的。耶穌既是「決心朝耶路撒冷去」（參十三22、33，十七11，十八31，十九11、28；聖經研究的學者稱路九51～十九27為「旅途敘事」），耶路撒冷的十字架既是耶穌的目標，作為跟從者的門徒，理應認同他的遠象。是故，十字架的道路也就同樣可以應用在跟從者的身分和生命上。

十字架道路所彰顯的是上帝那不分種族階級的愛。這一點甚至不會因任何人的拒絕而有所改變（九51～56）。另一方面，行走在十字架道路的人，必須知道真正的安全感和人生價值，並不在基督耶穌以外。然而，耶穌的道路（連枕頭的地方都沒有），相對於穩妥的權勢（天上飛鳥的窩【可能是指以鷹為徽號的羅馬政權】，地上狐狸的洞【可能是指希律安提帕】），在一般人的眼中是十分失敗的（九57～58）。

走在十架道路上的人，要清楚生命的次序。作基督的跟從者，並不是在好和壞之間作選擇，而要在好和最好之間抉擇。在遠古的文化裏，埋葬長輩是理所當然的責任和義務。然而，耶穌的呼召卻超越文化習俗和倫常的期望（九59～60）。跟隨耶穌的門徒，必須專心致志、全力以赴地跟從，擺脱拖延停留的藉口（九61～62）。

若耶穌今天呼召你來跟從他，有沒有一些事情是你認為要先辦妥的呢？

8.3.2. 誰將為大 （太十八1～5；可九33～37，十35～45；路九46～48）

耶穌踏上朝向耶路撒冷的十架道路，是為了彰顯上帝的接納和情愛，也展現一個願意謙卑事奉、甚至甘於受苦的生命型態。正如以上的討論曾提及，上帝也要求耶穌的跟從者能表彰這樣的生命素質。然而，耶穌的門徒，並不能全然體會上帝福音的深意。

門徒對上帝國子民身分的誤解，不僅現於他們對外人那狹窄的態度和心念（參上文討論），也見於他們之間不只一次的爭競。門徒之間的爭競源於他們對耶穌彌賽亞身分的誤解。在往凱撒利亞・腓立比的路上，耶穌向門徒啟示自己即將面對的挑戰：「人子必須遭受許多苦難，被長老、祭司長，和經學教師棄絕，被殺害，三天後將復活。」（可八31）而門徒中的代表彼得，卻在耶穌預言這些遭遇之後拉著耶穌，勸阻他。彼得的「勸阻」，清楚表明門徒對耶穌的身分和職事的誤解。這很可能源於一種民族主義的彌賽亞觀念，認為以色列的彌賽亞，就是要把他們從羅馬人的統治下解放出來的軍事領袖。門徒既然有這種意念，自然不能接受耶穌將要受苦和被害。然而耶穌卻鄭重地向他們曉義，告誡他們要體貼上帝的意思：「如果有人要跟從我，就得捨棄自己，**背起他的十字架來**

十字架是非常重的物件。一般來說，準備被釘十架的犯人被逼要背上的只是十字架的橫梁，並非整個十架。犯人背上這橫梁是要被人認出來，然後公開被人凌辱。我們作主門徒的，也必須在日常生活中有這準備。

跟從我。」(可八34)

不過門徒並沒有因為耶穌的教導而明白作門徒的真義，他們仍然常常爭執。門徒不斷的爭競，從另一個角度看是拒絕耶穌所啟示的「受苦的彌賽亞」，他們所盼望的是一個凱旋、威武，接受擁戴和受人服事的彌賽亞。如果耶穌是這麼一個勝利威武的彌賽亞，門徒的願望是可以理解的。他們致力爭取那重要的位置，希望能侍立在凱旋的耶穌的兩旁：雅各和約翰對耶穌說：「當你坐在榮耀的寶座上時，請讓我們跟你坐在一起，一個在你右邊，一個在你左邊。」(可十37)然而，這種心態並不是耶穌的跟從者應有的心態和價值觀，因為：「誰要作大人物，誰就得作你們的僕人；誰要居首，誰就得做大眾的奴僕」(可十43～44)。門徒那種心態只會引來更多的爭競和衝突。無怪其他門徒聽見雅各和約翰的請求後，就「對雅各和約翰很不滿」。事實上，耶穌跟從者的標記不是權勢和力量，而是服事和軟弱；最明顯的莫如他們的老師，耶穌的職事和生命。

在這個追趕成功的社會裏面，你是否甘於被凌辱、被輕看？在事奉上帝的背後，你是否仍然在追求某程度的成功感和滿足感？

門徒之盤算誰最偉大，顯然與耶穌的榜樣和要求背道而馳：「人子不是來受人侍候，而是來侍候人。」耶穌在加利利對門徒所提示的教訓：「誰要居首，誰就得居後，作大眾的僕人」(可九35)，實在與耶穌離世前向門徒的叮嚀相互呼應：「我是你們的主，你們的老師，我尚且替你們洗腳，你們也應該彼此洗腳。我為你們立了榜樣，是要你們照著我替你們做的去做。」(約十三14～15)

8.3.3. 耶穌跟從者的責任 (太十八章)

耶穌對跟從者的要求，不僅僅要他們在個人生命和性格的修為作自我鍛煉，更要求他們對別人的生命有正確的態度和責任。在緊接與門徒論天國裏誰最偉大之後，耶穌以一段相當嚴肅、近乎誇張的講說點出跟從者在信仰羣體裏的責任：

> 無論誰使信徒中一個微不足道的人離棄我，倒不如用大磨石拴在他的脖子上，把他淹死在深海。這世界竟有使人離棄我的事，多麼悲慘啊！這樣的事固然會發生，但是那造成這種事的人要遭殃了！如果你的一隻手或一隻腳使你犯罪，把它砍下來，扔掉。缺手缺腳而得永恆的生命，比手腳齊全而被扔進永不熄滅的烈火中好多了。如果你的一隻眼睛使你犯罪，把它挖出來，扔掉。只有一隻眼而得永恆的生命，比雙眼齊全被扔進地獄的火裏好多了。(太十八6～9)

耶穌在這裏的講話，當然不能從字面去了解，更遑論按字面義去遵行；他絕不是要求他的跟從者自殘身體。耶穌只是承接不能絆跌羣體裏一個微不足道的人的講論，強調信仰的要求，並不止於個人的安身立命，也在於別人的生命處境。確實，耶穌的講論裏所顯示的天國福音並不僅僅是個人生命的安頓和整理，更是要建立別人的生命。耶穌的跟從者所實踐的天國倫理，並不是個人生活的標準，而是上帝恩惠的彰顯。無怪乎當彼得問耶穌，若有弟兄得罪他，饒恕對方七次是否足夠時，耶穌的回答是「七十個七次」(太十八21～22)。耶穌的回應，不過是順著彼得的「七次」而提出的修辭技巧，他絕對不是說「四百九十次」就夠了。真正針對彼得問題的回應，是隨後的比喻(太十八23～34)，而耶穌最後作的總結，也就點出其中的精神：「如果你們各人不肯從心裏饒恕弟兄，我的天父也要這樣對待你們。」(太十八35)

馬太福音這裏記載耶穌的講論，明顯地指出跟從耶穌並不僅是個人生命的問題，也是整個羣體的問題。耶穌的跟從者不僅不應互相爭競，更當顧及其他跟從者的生命和成長。如此，我們就能明白馬太記錄耶穌有關失羊的比喻了：

> 你們要小心，不可輕看任何一個微不足道的人。……假如一個人有一百隻羊，其中的一隻迷失了，難道他不留下那九十九隻在山野間、去尋找那隻迷失的羊嗎？……(太十八10～14)

你會怎樣形容你與教會弟兄姊妹、家人，與及未信者之間的關係？

耶穌在馬太福音有關門徒羣體的講論，不僅提出要關顧羣體中的成員，他更為如何修復信徒間的嫌隙作出具體的指示(太十八15～17)。從耶穌的講論可見，信仰不僅是個人層面的事情，羣體的層面也是不可忽略的。畢竟，信仰不單是個人與天父上帝的關係，也是見證上帝在自己的生命裏工作的痕迹：「同樣，你們的光也該照在人面前，讓他們看見你們的好行為，來頌讚你們在天上的父親。」(太五16)

無疑，有好些經文確實使我們覺得耶穌似乎要求他的跟從者否定、甚至斷絕一切人倫的關係(如路九57～62，太十37～39等)。在查考和研讀這些經文的時候，我們必須先明白它的上下文及其所要如此表達之目的；其次是要仔細觀察其他經文對有關問題的教導，免得陷入斷章取義的桎梏裏。譬如，耶穌説：「那愛父母勝過愛我的，不配跟從我」。這並不是要否定信徒對父母應有的責任和愛，只是通過這個極端的對比，讓門徒明白對耶穌的忠誠和愛，並不是世間的任何關係所能比擬的。現代的讀者決不可以為耶穌要求跟從者放棄對父母親的關愛。事實上，我們應該記得耶穌就曾經批評過一些藉守律法而不供養父母的法利賽人(可七10～12)。所以，要應用耶穌的教訓，必須對他的教導有全面的認識。

類似的情況亦見於耶穌對不同人發出相異的挑戰。對於一個將信仰和生命繫於自己的努力和成就的人，耶穌的挑戰是「你還缺少一件。去賣掉你所有的產業，把錢捐給窮人，你就會有財富積存在天上；然後來跟從我。」(可十21)然而在另一個場合，那受惡魔纏壓多年的格拉森人，經歷耶穌的權能釋放、得以擺脱污鬼的勢力之後，希望跟從耶穌，但耶穌卻囑咐他留在原地，履行門徒的職責：

> 耶穌上船的時候，那個曾被鬼附身的人來求耶穌說：「請讓我跟你去。」耶穌不答應，卻告訴他：「你回家去，告訴親友，主怎樣以慈愛待你和他為你所做的事。」(可五18～19)

另一個例子是耶利哥城的税務長撒該(路十九1～10)。他經歷了耶穌的接納，體悟生命並不在於自己的財富，當下就對耶穌說：「主啊，我要把我財產的一半分給窮人；如果我欺詐過誰，我就還他四倍。」對於撒該，耶穌並沒有要求他「賣掉所有的產業，把錢捐給窮人」。

主耶穌對所呼召的每一個人都有獨特的要求。他對你的要求是甚麼呢？

8.4. 耶穌預言受難

上帝救贖的奧祕莫過於耶穌的受難。根據所有福音書記載，除了耶穌自己(和天父上帝)以外，耶穌周圍的人並不知道上帝會用這樣一個方法成就救贖。約翰福音早於二章就指出耶穌的「**榮耀**」。在符類福音裏，耶穌於加利利職事裏3次向門徒預言他將要被釘於十字架。

這是約翰福音的講法。在這卷福音書裏，榮耀就是耶穌被高舉在十字架上的意思。

8.4.1. 第一次預言 (太十六13～23；可八27～33；路九18～22)

耶穌稱呼彼得「約翰的兒子」，原文是「巴・約拿」(太十六17參《和合本》)，其中「約拿」顯然與「約拿的神蹟」(太十二39～40，十六4；路十一29)呼應，指耶穌的死、埋葬和復活。

耶穌第一次預言自己的受難，是在往凱撒利亞・腓立比的路上。耶穌問眾門徒他的身分，**彼得**回答：「你是基督，是永生上帝的兒子。」(太十六16)耶穌讚賞彼得，並認為他是得到天上的父的啟示才作這認信，然後強調他的天國就是建基在這認信上(參下文討論)。

耶穌隨後的預告和彼得的反應，卻顯示了耶穌所啟示的與門徒所理解的有很大的分別。從表面看，彼得的答案是對的。然而，彼得和門徒所理解的基督，與耶穌所預告的基督的身分和職事，實在有極大的距離。

耶穌預言自己「必須上耶路撒冷去，在長老、祭司長，和經學教師手下遭受許多苦難，並且被殺害，第三天將復活」(太十六21)，這並不是一般人所理解、能救以色列百姓脫離外邦統治的基督(彌賽亞)。所以，彼得連忙把耶穌「拉到一邊，要勸阻(其實原文是責備)他」。彼得和所有門徒都顯然不能接受這樣一個「基督」。就好像耶穌所講的比喻一樣，人只從事物的表面理解，就不能體會上帝的奧祕。耶穌當著所有門徒面前，責備彼得說：「撒但，走開！……因為你所想的不是上帝的想法，而是人的想法。」(太十六23)

某程度上，彼得的誤解也代表耶穌的門徒的誤解，因此，作者亦藉此機會闡述作門徒的真正意義。另參8.3.2的討論。

彼得是教會的根基？

耶穌對彼得的責備，讓我們有理由懷疑羅馬天主教所言，彼得是耶穌所立的第一個教皇的講法。耶穌建立教會和教會的體制，應該從新約整體的經文來考慮和判斷，不是只由一兩節經文所決定。而且，即使是以下這一段經常被引用來指耶穌將教會建立在彼得之上的經文，也存有疑問：

> 我告訴你，你是彼得【即石頭】，是磐石；在這磐石上，我要建立我的教會，甚至死亡的權勢也不能勝過它。我要給你天國的鑰匙，你在地上所禁止的，在天上也要禁止；你在地上所准許的，在天上也要准許。 太十六18～19)

很多古代的歐洲語言，如拉丁文和希臘文，每一個名詞都有獨特的語法性；這情況也見於現代英文的某些名詞(例如英文ship一詞，一般都是陰性的)。「彼得」(希臘文音譯*petros*，這字通常指一般石頭)和「磐石」(*petra*)的意思雖然頗為相近，但前者是陽性名詞，後者是陰性名詞；因此，把這原來是兩個不同的希臘文名詞，混為一個共通的意義，並不合理。

至於羅馬天主教所謂「賦予彼得權柄的訓示」，在約翰福音二十章22至23節也有記載。後者的處境是耶穌復活之後向門徒顯現，並賜予他們權柄。即便如此，從約翰福音這段經文來看，擁有這最終權力的也不是門徒，而是聖靈、或者是賜予聖靈的主。再者，從新舊約整體而言，我們難以相信上帝羣體的基礎是建立在某個人身上(詩篇一一八22；見新約作者以磐石形容基督，太二十一42；可十二10；路二十17；徒四11；彼前二4、7～8)。新約其他的作者亦毫不含糊地指出教會的惟一根基是基督，而不是彼得(林前三11；弗二20)。

所以，從經文解釋的角度說，我們認為耶穌在馬太福音的講法是通過詞彙的相近而帶出其意思(英文是play-on-words)；換言之，文中的「這磐石」應指彼得的認信，而非彼得個人。從歷史的角度看，也許在馬太福音成書的時候，彼得在教會裏的地位是重要的，所以馬太的作者有這樣的說法。

8.4.2. 第二次預言 (太十七1～13；可九9～13、30～32；路九28～36、43～45)

經文雖然沒有指明這「山」是甚麼地方，但早期教會傳統都認為這是離拿撒勒城不遠的他泊山。

耶穌第二次預言受難，是在登山變像之後。耶穌的身分，在山上變像的事件裏再一次被啟示出來。這是繼耶穌受洗後，他的身分另一次被上帝所肯定。

耶穌帶著彼得、約翰和雅各**上山**去禱告。正禱告的時候，就改變了形像，他的面貌像太陽一樣明亮，衣服也像光一樣潔白，並有摩西和以利亞在榮光中顯現。

路加告訴我們，彼得、雅各和約翰起初一直在打盹，但他們醒來時即被這個奇異的景象吸引。彼得更大膽地提議，要為耶穌和兩位先知搭3座帳棚。其實彼得和其餘的門徒都甚害怕，而彼得這番話可能是自言自語而已。正說這話的時候，忽然有一朵**雲彩**籠罩了他們，從雲中有聲音出來，重複耶穌受洗時上帝所說的話：「這是我親愛的兒子，我喜愛他。你們要聽從他！」(太十七5)

在舊約中，雲彩常表示上帝的臨在(參出二十四15～18；賽四5；結一4)。

3卷福音書都同樣記述上帝的啟示：「這是我親愛的兒子，你們要聽從他。」3卷福音書亦同樣記載了猶太信仰傳統裏的重要人物摩西和以利亞的出現，從而**突顯了耶穌的身分**。摩西和以利亞都是猶太人中非常重要的人物，他們被上帝神祕地接去，人不再知道他們在哪裏(申三十四5～6；王下二9～12)。一些後期的先知深信，上帝會再次差派以利亞到地上來，警告世人要為上帝的審判作好準備(瑪三1～4，四5～6)，並且為基督準備道路；馬太在十七章10至13節記載耶穌對眾人的回答，似乎暗示耶穌也相信這傳統，並認為這位「新」以利亞就是施洗約翰。

代表著律法和先知傳統的摩西和以利亞都消失了，只剩下耶穌一人；這個景象也許象徵耶穌的永在性。

摩西代表律法，而先知以利亞因致力鼓勵以色列人敬拜上帝，代表舊約先知的傳統。這兩位領袖都是上帝所揀選、負責敦促上帝的子民過新生活，就像耶穌一再呼籲門徒過新生活一樣。

但這個變像的經歷，不僅僅再次啟示耶穌是上帝兒子的身分，也預示他受難死亡的路途。雖然只有路加明確地記述，摩西和以利亞與耶穌談論他以死來完成使命的事，但馬太和馬可兩卷福音書亦以比較隱晦的手法來表達；耶穌的變像、衣服放光等等，都與復活情景的用詞非常接近。

如果耶穌只是一個君王、或只是一個有能力大行神蹟的人，我們今天還有甚麼盼望？

耶穌明白到大部分人都在期待一位政治領袖，這領袖要像國王一樣，可以管治國家，也許是一個有能力大行神蹟的人。可是耶穌必須死去，好把罪惡擊潰；然後復活，好把死亡征服。這樣，耶穌真正的使命才可以完全成就。

8.4.3. 第三次預言 (太二十17～19；可十32～34；路十八31～34)

耶穌第三次的預言是上耶路撒冷途中。與之前兩次相比，第三次預言的內容較具體和仔細，幾乎把整個受難的經過撮要下來：「他將被交在外邦人的手裏；他們要戲弄他，侮辱他，向他吐口水，又要鞭打他，殺害他；但第三天，他將復活。」(路十八32～33)而路加在第二次和這次的預言中，都有描寫門徒的反應：「門徒對這些事一樣也不明白，對耶穌所說的話茫然無知，因為那些話意思是隱藏著的。」(路十八34；參九45)

值得我們注意的是，3卷福音書在耶穌3次預言受難的前後，都記述了門徒心中真正的關注。儘管耶穌預言了自己受難的道路，但門徒還是糾纏在誰為大、誰為首的問題之上。看來，對福音書作者來說，耶穌預言自己受難，不僅僅是耶穌身分的彰顯和肯定，也是對門徒的一個挑戰。跟隨在這樣一位主的後頭，門徒究竟應該怎樣看待自己的生命？以為追隨著一個勝利的基督、渴想要掌權為首的一眾門徒，會怎樣面對耶路撒冷？

溫習問題

1. 從哪些方面可以看出耶穌有濃厚的猶太文化背景？
2. 耶穌與猶太教領袖的關係如何？他們的衝突集中在哪些問題上？
3. 耶穌對律法的態度，與猶太人對律法的態度有甚麼不同？
4. 為甚麼耶穌要差派門徒出去佈道？根據耶穌的預告，他們工作的果效將會如何？
5. 耶穌差遣門徒兩個兩個地出去，有甚麼作用？
6. 門徒出外傳道須帶備怎樣的行裝？這反映了怎樣的心態？
7. 當撒馬利亞的一個村莊不接待耶穌時，雅各和約翰有甚麼反應？這反映了甚麼問題？
8. 背起十字架跟從耶穌有甚麼意義？耶穌對跟從他的人有甚麼要求？
9. 被釘十字架的彌賽亞是一位怎樣的彌賽亞？與門徒所期盼的彌賽亞有甚麼分別？
10. 對於耶穌幾次預言他的受苦和受死，門徒有甚麼反應？他們內心真正的關注是甚麼？

第九章

耶穌在耶路撒冷的職事

- 耶穌進入耶路撒冷
- 耶穌在耶城的事蹟
- 耶穌在耶城的講論
- 耶穌被膏和被賣
- 最後的晚餐
- 最後的講論

無可否認，耶路撒冷在耶穌的職事裏佔有中心的位置。縱使根據符類福音，耶穌在加利利的職事佔其傳道工作的大部分時間，但無論是馬可福音、馬太福音、還是路加福音，耶路撒冷始終是耶穌職事的方向和目的。本章所要探討的，就是耶穌在耶路撒冷被釘前的職事和片段。

嚴格來說，約翰福音十一和十二章都是發生在伯大尼，而非耶路撒冷。然而，由於伯大尼離耶路撒冷不遠，約只有6里，已經不是在加利利省內，故也包括在內。

馬可福音從八章起，就藉耶穌3個受難的預言，直指耶穌在耶路撒冷的職事。路加福音自九章開始，就描述耶穌「決心朝耶路撒冷去」(九51)，一直至耶穌進入耶路撒冷。同樣，馬太福音在十六章亦指示，他「必須上耶路撒冷去」(十六21)。至於約翰福音，在二章開始就已經記述耶穌在**耶路撒冷的職事**，其中歷經約3年之久，福音書裏大部分的內容，亦環繞耶路撒冷而發展(約二13～三章，五章，七～十章，十一～二十章)。由此可見耶路撒冷在耶穌職事中的位置。

橄欖山

在新約中，橄欖山在耶穌最後一星期的生活中，是一個很重要的地方。

橄欖山一直延伸到耶路撒冷東側，距離城區不遠，在耶穌的時代樹木蔥鬱。根據撒迦利亞書十四章4節，當上帝解放耶路撒冷的時候，祂將來到橄欖山。山將從中間裂開，從而拉開拯救的序幕，以色列的敵人將被打敗。所以，橄欖山是末世的象徵。馬可福音十一章23節中，耶穌說：「我鄭重地告訴你們，你們若對這座山說：『起來，投到海裏去！』……」，可能就是暗指橄欖山將要裂開一事。

耶穌從橄欖山進入耶路撒冷，強化了耶穌在耶城所作的一切，具濃厚的彌賽亞意義。耶穌在橄欖山上，談論將來要發生的事情，並讓他的門徒看到，上帝將在災難和毀滅中來到(可十三3~37)。進入耶路撒冷以後，耶穌在被抓之前每天晚上都在這個山坡上度過(路二十一37)。耶穌在橄欖山上升天(徒一12)，強調了他的受難、死亡、復活，以及聖靈的降臨，對末世有極其重要的意義。

9.1. 耶穌進入耶路撒冷 (可十一1～10；太二十一1～9；路十九28～40；約十二12～18)

耶穌進入耶路撒冷的時候快要到**逾越節**。所以，在道路兩旁的人一定比平常還要多。假如耶穌是從聖殿的正門入城的話，羣眾的行列可以延伸超過1.6公里。聖殿區內的人應該可以目睹耶穌從橄欖山上騎驢而下，越過汲淪溪，再上坡進入聖殿的正門。他們拿著棕樹枝迎接耶穌，咀裏引用詩篇一百一十八篇25至26節，呼喊著：「**和散那**，奉耶和華名來的是應當稱頌的！」(《和合本》)在福音書，類似的擁戴和歡迎(雖然程度不同)早已在不同的場合多次出現：就如耶穌在職事的起頭，拿但業向他的稱頌(約一49)，又或耶穌在加利利海旁，羣眾欲擁戴他為王(約六14～15)，又或彼得在凱撒利亞．腓立比的宣認(可八29)。

逾越節原先是為記念以色列人從埃及的奴役之下重獲自由的歷史(參出埃及記十二章)。為了讓執行死亡的天使「逾越」以色列民，以色列人必須殺死一隻羔羊並將血塗抹在門框上。

「和散那」原來意思是「拯救我們」，但這裏的用法主要是一種吶喊式稱讚的表示。

此外，**揮動棕樹枝**和呼喊，其實經常出現在一些重要的節日裏，原非特別為歡迎耶穌而設；作者借用當時發生的事來表達耶穌真正的身分：這位耶穌就是彌賽亞，是以色列人的拯救者，他要將耶路撒冷重新歸入上帝的名下。為配合這象徵性意義，約翰福音的作者在引用這節經文時，特別加上「你的王」(指以色列的王)；當時人們熱切盼望自由，這樣的稱呼表明耶穌進入耶路撒冷具有彌賽亞的重要意義。

根據《馬加比一書》13.51(另參《馬加比二書》10.6～7)，當猶大獨立運動領袖西門，於公元前 142年收復耶路撒冷，羣眾揮動棕樹枝以示慶祝。公元前 140至70年於猶大鑄造的錢幣亦刻有棕樹枝，另刻上字「慶賀以色列解放」。

然而，在耶路撒冷城門口的羣眾所期待的，其實是一位政治的領袖彌賽亞；門徒大概也期望耶穌在進入耶路撒冷後，將會披露這身分，所以當耶穌和門徒在接近耶路撒冷時，門徒不斷問耶穌他們的「前途」(可十34～45；太二十20～28)。然而，就如耶穌早已向拿但業澄清，他不是以色列人所期盼的王，他是使整個創造世界與上帝合一的人子(約一51)。而當加利利的羣眾要擁戴他為王時，耶穌離他們而去，獨自往山退去了(約六15)。耶穌也不容許彼得有任何錯誤的期望，說：「撒但，走開！你所想的不是上帝的想法，而是人的想法。」(可八33)

面對情緒高漲的羣眾，耶穌卻騎著一隻驢駒入城，約翰福音和馬太福音分別從自己的角度來詮釋舊約的撒迦利亞書(九9)，指出其中的意義，同時也糾正民眾錯誤的看法：

> 去告訴錫安城的兒女：看哪，你們的君王來了！他謙遜地騎在驢背上，騎在小驢的背上。(太二十一5)

在你心目中，耶穌是一位怎樣的主？在你信仰的經歷裏，有沒有像門徒和羣眾一樣，曾因耶穌的形像和工作未能滿足自己的期望而感到失落？

誠然，耶穌是君王，但他不是人們所盼望的民族英雄。他所騎坐的是驢駒，不是戰車駿馬，也不需要棕樹枝所代表的民族熱忱和激情。事實上，這位君王並不是個別民族家國的領袖，他是全地的主(番三9～10、16；亞九9～10)。整個情景極為諷刺，因為儘管人們狂熱地叫嚷著歡迎彌賽亞，然而卻沒有人明白彌賽亞的真正意思；又或，來的雖然是彌賽亞，但卻不是他們想要的那位。不單是羣眾，就連耶穌的門徒也不明白。

9.2. 耶穌在耶城的事蹟

進入耶路撒冷後，福音書所記載的主要都是耶穌的言論。在事蹟方面，除了咒詛無花果樹之外，耶穌再沒有行過其他神蹟，但他所行的都有很濃厚的象徵性意義。在此列舉幾項說明。

耶穌在耶路撒冷最後的一週

【星期六：在伯大尼住宿】

星期日：耶穌騎著驢子進入耶城(可十一章)

星期一：耶穌潔淨聖殿，趕走兌換銀錢的商人(可十一章)

星期二：耶穌在聖殿教訓人(約二章)

星期三：留在伯大尼(猶大與大祭司勾結，商議出賣耶穌)

星期四：耶穌在耶路撒冷的馬可樓上，與十二門徒共晉最後的晚餐；晚餐之後，耶穌與門徒渡過汲淪溪，到客西馬尼園禱告，在那裏，猶大以一個吻出賣了耶穌(太二十六章)

星期五：耶穌在大祭司面前受審(太二十六章)，然後押至猶太人議會(即猶太人的法庭)，在龐修彼拉多面前受審，當他宣判耶穌的死罪後，立即被帶到髑髏地這行刑的地方(可十五章)。有一位猶太的財主亞利馬太的約瑟，從十字架取下耶穌的遺體，葬在他的墓穴中(路二十三章)

星期日：門徒在耶路撒冷看見復活的耶穌(路二十四章)

9.2.1. 耶穌潔淨聖殿

(可十一15～17；路十九45～46；太二十一12～17；約二13～22)

耶穌在耶路撒冷最具爭議的行動，就是潔淨聖殿。留意同一事件在約翰福音裏，卻發生在耶穌傳道的早期(參本書5.2)，但在符類福音，這件事明顯帶有彌賽亞的含意。

4卷福音書對耶穌潔淨聖殿的動機的表述基本上是一致的。從屬靈的角度來看，聖殿已經被沾污，耶穌認為必須把它潔淨過來。

因為錢幣上刻有君王或物像，通行的羅馬錢幣並不能作聖殿供獻之用。在耶路撒冷供獻的敬拜者，必須兌換特別為此在泰爾鑄造的錢幣。

聖殿已經從敬拜的中心淪為不誠實買賣的地方(「賊窩」)了。聖殿原是猶太人政治、宗教祭祠和信仰中心，但與古代所有宗教中心一樣，聖殿也是猶大地的經濟中心。環繞聖殿和耶路撒冷城的，是形形色色的經濟活動。在某種情況下，商業和**銀錢兌換**的活動是不能避免的。但這些交易所引致的問題，已經使聖殿遠離了它應有的角色和功能。

你參與的教會是否可以作為敬拜的中心？當中是否有一些需要被潔淨的地方？保羅曾經以我們的身體比喻作聖靈的殿，你願意讓耶穌潔淨這殿嗎？他要除去的將會是甚麼呢？

儘管祭物的販賣和兌換錢幣是不能避免的，但福音書的記述反映出，這些交易可能涉及不誠實的活動。符類福音裏，耶穌責難買賣的人將聖殿變成「賊窩」，隱喻舊約中撒迦利亞書十四章21節裏的盼望：在終末日子，耶和華的殿中將沒有作買賣貿易的人，而祭司的職分亦要重新得到潔淨(瑪三1～4)。按馬太福音的記載(二十一14)，大概在同一個時段，耶穌在殿裏醫治了一些因身體上的殘疾而不能進入聖殿的人(利二十一16～20；撒下五8)，如瞎子和瘸子。馬太藉著小孩子的呼喊，聲稱這些被社會遺棄的人才真正是「大衛的子孫」，是上帝國的子民。在馬太的筆下，這羣人與那些靠聖殿謀生的商人和神職人員成了強烈的對比。

耶穌潔淨聖殿的行動所引起的問題是嚴重的。所有福音書都報道這件事挑發起猶太領袖的抗議，質疑耶穌的「權柄」(可十一27～33；太二十一23～27；路二十1～8)。事實上，從潔淨聖殿這事件起，耶穌和猶太領袖的衝突也就愈更激烈了。從現實的角度評估，耶穌一直下來的職事和在耶路撒冷潔淨聖殿的行動，不僅對猶太領袖造成困擾，也必定帶來羅馬政府駐耶路撒冷的警衛虎視眈眈的眼光。約翰福音在這方面就有比較明顯的提示：

> 法利賽人和祭司長們召開會議，在會上說：「這個人行了許多神蹟，我們該怎麼辦呢？要是讓他這樣搞下去，大家都信了他，羅馬人會來擄掠我們的聖殿和民族的！」(約十一47～48)

9.2.2. 咒詛無花果樹 (太二十一18～20；可十一12～14、20～21)

耶穌在耶路撒冷的職事裏，咒詛無花果樹是另一個值得注意的片段。

一般人讀到這個記載的時候，不免會覺耶穌有點兒不近人情，甚至是無理取鬧。怎能因為自己飢餓找不到果子吃而咒詛無花果樹呢？況且當時還不是收成果子的季節(可十一13下)！其實這個記載再一次提醒現代讀者，在閱讀聖經經文的時候，斷不能單糾纏在事件的表象，而應該進深了解其中的意義，免得捨本逐末。

留意在馬太的鋪排之下，詛咒無花果樹發生在耶穌兩次在聖殿裏與猶太人領袖的爭論之間；這種三文治式結構的重心往往是中間部分，而前後的事件則要襯托出核心的信息。

細心的讀者會察覺，耶穌**咒詛無花果樹**發生在他潔淨象徵猶太信仰中心的聖殿之後。另一方面，在猶太人的信仰傳統裏，無花果樹又是以色列人的象徵(參何九10；彌七1)。舊約先知耶利米就曾如此宣告上帝的審判：

> 我要結集我的子民，像收穫農作物。但他們像葡萄樹不結葡萄，像無花果樹不結果實，連葉子都枯乾了。所以，我容許外國人來佔據他們的土地。(耶八13)

耶穌詛咒無花果樹並不是肚餓耍脾氣，亦不是要彰顯信心的能力，而是要宣布上帝對猶太人領袖(甚至是當時猶太教)即將來臨的審判。正如聖殿象徵猶大的信仰已經因為被污染沉淪而即將面臨審判，以色列的生命亦一如眼前這棵沒有果子的無花果樹，是白佔地土的，他們馬上要面對上帝的審判。從這個角度看，耶穌詛咒無花果樹與潔淨聖殿可以說是有異曲同工的果效。

9.2.3. 耶穌誇獎窮寡婦的奉獻 (可十二41～44；路二十一1～4)

耶穌在耶路撒冷的聖殿看見一個窮寡婦捐獻兩個小錢，這插曲正好與耶穌在友人家被一個婦人用香膏膏抹的事件相互呼應。

一如那婦人打破價值約一年工資的香膏的瓶子，用盡其中的香膏膏抹耶穌，這個窮寡婦將一生所有，雖然只是兩個小錢，全數投進聖殿前收集奉獻的金屬器皿。聖殿內共有13個收集捐獻的器皿，形狀像倒置的喇叭，放置在聖殿的女院附近，以收集到聖殿敬拜的人的奉獻。因為這些收捐的器皿以金屬鑄成，當捐獻的人投入錢幣的時候，金屬撞擊的聲音與投入錢幣的數量成正比。讀者可以想像「有錢的人投入許多的錢」所造成的聲音，跟那兩個小錢弄出的聲音是何等大的對比。

假如你對上帝的捐獻影響了你的生活素質，你是否仍然樂意獻上呢？

然而，故事的高潮在於耶穌的結論：「我實在告訴你們，這個窮寡婦所奉獻的比其他的人都多。」對於那些有錢的人來說，他們的捐獻並不帶來他們實際生活任何的困難和挑戰。然而，對於這個窮寡婦而言，她投入生命裏僅有的，實際是將自己的生計也投進去了。她的奉獻真摯和全然地反映她對上帝和鄰舍的愛。

9.3. 耶穌在耶城的講論

自從加利利職事伊始，耶穌與耶路撒冷的宗教領袖間已有嫌隙。隨著耶穌進入耶路撒冷，他的行動（潔淨聖殿）和羣眾的哄動，既挑戰了祭司長和猶太領袖，也激化他們對耶穌存不軌之心。所以，耶穌在耶路撒冷向猶太人、特別是猶太領袖所發出的宣講和批判，是非常嚴厲的。耶穌的講論既預言**猶大將來之悲涼**，也指向了耶穌職事的高峯。

耶穌為耶路撒冷歎息的經文，至能表達耶穌的感情和猶大的悲涼（參太二十三37～39；路十三34～35）。

有關耶穌的「最後的講論」，參9.6。

9.3.1. 責備猶大、法利賽人和猶太領袖 (太二十一28～二十二14；參可十二1～12；路二十9～18)

祭司長和猶太領袖既對耶穌心存不軌，耶穌在耶路撒冷的宣講、對猶太領袖的嚴厲批判、預言猶大將來之悲涼，便都構成了耶穌職事的高峯——使他被釘在十字架上。

耶穌在耶路撒冷的宣講，語調是嚴厲的。在馬太福音裏，耶穌以3個比喻，分別說明以色列民跟上帝的拯救失諸交臂，說明他們不願意接受上帝的僕人、甚至上帝的兒子，說明是他們自己拒絕參與上帝的筵席：

- 「兩個兒子的比喻」（二十一28～32）：清楚指明，這些被猶太教領袖視為最墮落、最敗壞的人，如稅棍和娼妓，會比那些猶太教領袖更快進入天國。
- 「壞佃戶的比喻」（二十一33～46）：參7.2.1專欄「4個比喻」的解釋。
- 「喜宴的比喻」（二十二1～14）：這個比喻還是繼續談進入上帝國

的話題。一些人期望能參加這個上帝國裏最大的喜宴可是卻被拒絕了，可是一些本來沒有準備的卻在其中。

這3個比喻指出一個現實，在以色列人的歷史裏，上帝的僕人一直為人所唾棄和拒絕。甚至對上帝的兒子耶穌，他們亦以這樣的頑梗和悖逆的態度面對耶穌。以色列人之抗拒耶穌，使得他們不能再承繼和發揚上帝的國度。也正因為這個緣故，上帝國度的擴展將會隨耶穌的職事而擴展至外邦。

當然，上帝國度之擴展至外邦，並不是猶太人拒絕的結果。4卷福音書從開始就宣告，在耶穌的職事裏，上帝的國度是為萬人預備的福音，並不是因為猶太人拒絕才不得已轉向外邦世界。從某一個角度講，耶穌的講論解釋了猶太人怎樣拒絕了上帝的邀請和委託；也似是福音轉向外邦的原因。但如果我們記得路加福音的家譜(其追溯不僅及至亞伯拉罕，而是直指全人類的始祖亞當)和約翰福音的序言(耶穌是所有創造的基礎)，就會知道耶穌只是在猶太人中間工作，所以其職事和生平不能與猶太人的處境分開，但其救贖卻是普世的。但從上帝的救贖來看，我們應該採取一個較寬闊的角度。

9.3.2. 預言聖殿和耶路撒冷被毀 (可十三1～37；太二十四1～51；路二十一5～36)

耶穌在耶路撒冷的宣講，至為震撼的就是預言聖殿和耶路撒冷被毀。在潔淨**聖殿**的討論裏，我們提及聖殿是宗教、經濟和政治的中心。耶穌預言聖殿被毀，對當時的人來説，顯然極之困擾。

> ……他的一個門徒對他說：「老師，你看，這是多大的石頭，多宏偉的建築！」耶穌說：「你們在欣賞這些偉大的建築嗎？這地方的每一塊石頭都要被拆下來，沒有一塊石頭會留在另一塊上面。」(可十三1～2)

留意所羅門建造的那個聖殿已經被毀，而耶穌眼前的聖殿是大希律把公元前5世紀重建的聖殿大肆修葺的殿宇；按歷史記載，修葺工作於公元前19年展開，一直到公元63年才正式完成。

根據1世紀猶太學者約瑟夫的記載，聖殿外牆壁鋪以金箔，當陽光照射在聖殿時，金箔反射太陽的光芒，其輝煌和燦爛可想而知。但耶穌在這一切表面的光采之下，察覺潛在的危機——聖殿(和其代表的體制)被毀。門徒問耶穌這悲劇發生的時候，耶穌的回答為後來的基督徒帶來不少的討論和臆測(可十三5～37)。其實耶穌對這段時間的描述，包括了戰亂紛擾(5～8節)、門徒受壓迫(9～13節)、猶太地的災難(14～23節)，最後才是具有末世色彩的講論(24～37節)。所以，基本上耶穌是對1世紀的處境作預言。事實上，他的預言果然在公元66至70年實現。如果正如不少研讀福音書的人所説，馬可福音是在公元70年間左右寫成的話，我們可以想像耶穌的預言對他們帶來的力量有多大。

如果不用「末世預言」的角度解釋，你認為馬可福音十三章的講論對我們還會有意義嗎？為何？

猶太地的戰亂固然因猶太人的起義行動而生，也因為羅馬政權正經歷一個動盪不穩的過渡。一直在位的尼祿(Nero)猝死(約於公元

69年，神祕地被毒身亡？），傳言指尼祿只是裝死逃到東方去了，待重整後尼祿會回來復仇云云。尼祿的死和假死的傳說，引起了將領爭權和戰爭的危機。在短短1年（公元68～69年）內，便有4位凱撒出現；這段所謂四王（迦勒巴、奧索、威特留、維斯帕先）爭霸的時期，也可能是馬可福音十三章所說的「民要攻打民、國要攻打國」的背景。

這幾個警醒信息的比喻之中，哪一個對你有最深刻的提醒？為甚麼？

就在這段動盪的日子裏，早期教會想到耶穌的預言和他的應許，亦再一次想到警醒等候的重要（這特別見於馬太福音在預言之後，以「善僕惡僕」、「十個少女／童女」、「按才幹受責任」、「山羊綿羊」幾個比喻，帶出警醒的信息；參太二十五章）。而耶穌講論中所講「你們要看見那『毀滅性的可憎之物』站在它不應該站的地方。那時候，住在猶太的，該逃到山上避難」（可十三14），其中「毀滅性的可憎之物」一詞出自希臘文譯本的但以理書十二章11節。原來指涉公元前168年西流基王朝的安提阿古四世（Antiochus Epiphanes）在耶路撒冷聖殿裏為希臘神宙斯獻祭（參《馬加比一書》1.54, 59）。在公元1世紀裏，至少有兩次類似的事件。先是公元40年羅馬王加拉古勒（Caligula）將自己的像置於聖殿，後於公元70年羅馬將領提多（Titus）的部下豎立提多的像，擁稱他為羅馬君主。初代教會的讀者應該對這些事件記憶猶新，因為耶穌的預言基本上是指著1世紀的處境講的。

9.4. 耶穌被膏和被賣 （可十四3～11；太二十六6～16；路二十二3～6；約十二1～8）

除了路加福音，所有福音書都在耶穌被賣和受苦之前敘述了他被膏的記載（路加相近的記載見於第七章，但其重點略有不同）。馬可、馬太、和約翰3卷福音書，同樣表達一個信息，耶穌的被膏是預表他的死亡。3卷福音書都強調逾越節為背景。然而，只有約翰福音提供這位膏抹耶穌的女人的名字：馬利亞。

在遠古的時代，以膏油抹賓客的頭並不是罕見的。在一般環境比較可以的家庭裏，都以這樣的禮儀待客。但無論如何，頃刻以價值相若一年工資的香膏，塗抹耶穌的腳，並不是簡單平常的事。馬利亞以膏抹行動表達其對耶穌的尊敬是毫不含糊的。然而，即使耶穌講明抹腳的含意，但她和四周的人似乎並不很明白。

耶穌的門徒就不滿馬利亞的浪費：「何用這樣枉費香膏呢？這香膏可以賣三十多兩銀子賙濟窮人。」(《和合本》)——一個看來十分正義的指控。約翰福音甚至記載，那提出抗議的門徒是加略人猶大，而作者亦加了句評語，表明作者對他的成見：「因為他是賊，他管錢，常盜用公款」。但正如耶穌自己所陳明的，馬利亞此舉是要**預表**耶穌的死亡。另一方面，耶穌的回答並沒有否定賙濟的重要，卻指出了事情的緩急輕重。

意思是：雖然馬利亞此舉和耶穌的死亡原來是兩件互不相干的事情，但從基督信仰的角度，詮釋者(例如耶穌或福音書作者)便把兩件事扯上關係，參《聖經鳥瞰——基礎篇》第三章。

馬可福音和馬太福音在這膏抹事件後馬上提及猶大和他出賣耶穌的計劃。馬太更用了「當下」一個連接詞，把兩件事連起來，仿似帶出一種因果關係。

9.5. 最後的晚餐 (可十四12～42；太二十六17～46；路二十二7～46；約十三～十七章)

今日教會的聖餐傳統，源自福音書裏所載，耶穌在被賣那夜裏與門徒共享的最後晚餐。這個晚餐表徵耶穌的代死、神的救贖，同時也表示了跟從者的團契和感恩，並對耶穌再來的盼望。但這個晚餐之所以被確立為「聖餐」或「主餐」，基礎還是在於其由耶穌親自所設立。而其中的意義還得必須細讀福音書的記載才能有所體會。

耶穌設立聖餐的話語(太二十六26～28；可十四22～25；路二十二17～20；林前十一24～25)在各卷福音書中各有自己的表述，而保羅對此亦有其自己的表達方式。路加福音中還很特別地提到了兩個杯子，他們分別出現在：擘餅之前以及飯後。

耶穌在耶路撒冷最後的一週，正值猶太人的逾越節期。隨著逾越節的臨近，耶穌差遣兩位門徒去預備一間上房，供他們共晉逾越節晚餐(太二十六17～19；可十四12～16；路二十二7～13)或是逾越節前夕的晚餐(約十三1)之用。耶穌意識到其講論已危及到自己的生命，而在最後晚餐之桌前，他亦向門徒們表示了自己將不再與他們同吃地上的宴席(太二十六20～21；可十四18；路二十二14)。

今日當你領聖餐時，心裏存著甚麼的想法呢？是省察自己的罪、是主內團契、抑或存著盼望等候主的再來？

耶穌預指了那位將要出賣自己的門徒後，拿起餅，祝福，擘開，並分遞給眾門徒說：「這是我的身體」(擘餅；太二十六26；可十四22；路二十二19)。隨後，耶穌又照樣舉起一杯葡萄酒，謝恩，將它遞給門徒們(喝葡萄酒；太二十六17；可十四23～25；路二十二20)。正如耶穌所言，這杯葡萄酒象徵著耶穌「用血所立的新約」；耶穌亦告訴門徒，自己將不再飲這葡萄酒，直等到上帝之國降臨。餐後，耶穌又與門徒們一同向橄欖山進發(太二十六30；可十四26；路二十二39)。

符類福音共同指出耶穌和門徒共晉的晚餐是逾越節的晚餐(可十四12；路二十二15)，隨後是耶穌被釘。換言之，耶穌被釘之日正是逾越節當日（猶太人以日落為一日的開始）。但約翰福音卻記載耶穌與門徒一起的晚餐是逾越節之前一天的預備日。所以，耶穌被釘之日（約下午）正是逾越節來臨前、祭司在聖殿屠宰逾越羊羔之時候（參約十九31），然後才是逾越節的來臨。約翰記載的與符類福音的時間相差了一天。兩個記錄的差異，明顯反映**不同曆法**計算逾越節的差異，更重要的是作者要帶出一件事的不同重點。

古代猶太人有兩種曆法，一個是祭司所奉行的陽曆，另一個則是一派較保守的愛色尼羣體所使用的陰曆。按聖經所提供的資料，符類福音作者對逾越節的記載反映主流猶太教的傳統，但約翰的則反映愛色尼派的傳統。

在符類福音的記載裏，逾越節的晚餐就是「新約的晚餐」——主餐。正如以色列人的逾越節餐說明他們是上帝子民，耶穌所立的餐，設立了新的子民、更新了上帝和其子民的約。為此，他的門徒和日後的跟從者要藉此記念他所立的新約和應許。正如逾越節羔羊被宰代表著以色列民的得贖，耶穌所設立的晚餐，其中的**酒**和餅，分別代表他的血和身體所帶來的救贖。

一般的理解是這「酒」是已發酵的，因此《和合本》譯作「葡萄汁」可能是受到傳統中國文化對「酒」的看法所致。

約翰福音的記載與符類福音的有所不同，作者將最後晚餐的日期定為逾越節晚宴的前一天（約十三1，十八28）：因約翰將耶穌視為逾越節被殺的羔羊，而這羔羊是在逾越節前一日署宰的。值得留意，約翰的重點不在於晚餐（他甚至連餅與葡萄酒也均未提到），而在於**「洗腳」**。約翰筆下的耶穌是一位為自己門徒洗腳的僕人；作為師長，耶穌竟為門徒洗腳，是顛倒當時文化的習俗。從表面看，耶穌之為門徒洗腳，是謙卑虛己的榜樣，但事實上是隱喻他的死，也喻指他的門徒將會捨命犧牲（約十三13～15）。他要門徒知道，自己的死是世人通往永生的惟一道路（約十四～十七章）。

在乾燥酷熱和塵土飛揚的環境裏，洗腳是近東文化裏相當尋常的行為。在旅途過後，主人讓客人在餐前洗腳，是待客之道，而洗腳的責任一般由僕人負起。在沒有僕人的情況，後輩應該擔起原由奴僕負的責任。

「榜樣」一詞在猶太經書的希臘文譯本裏，常用作頌述以色列民族歷史裏英勇代死的模楷。參舊約次經的《馬加比二書》6.28；《馬加比四書》17.22～23；《便西拉智訓》44.16。

誠然，耶穌所立的**「榜樣」**，並不是一般的道德典範，而是犧牲自己生命的榜樣。「榜樣」一詞背後固然有豐富的傳統，暗喻猶太民族中許多領袖們犧牲的精神和生命。對洗腳過程的敘述，也回蕩著牧羊人為羊捨命的主題和詞彙。耶穌之「脱去」衣服、「拿」巾束腰（《和合本》約十三4），就是好牧人「捨去」生命、「取回」生命（《和合本》約十17～18）。耶穌為門徒洗腳的意義，超過個人道德（謙卑）或儀節（水禮禮儀）的解釋，除了詞彙和主題的呼應，更在於耶穌對彼得所說：「我所做的，你現在不知道，日後你就會明白。」（約十三7）彼得的反應，顯示他因為社會的習俗，無法掌握洗腳象徵的意義。

「餅」和「酒」的意義

主餐（或稱為聖餐）是基督教中最重要的聖禮，然而，不同教派對聖餐中的「餅」和「酒」依然存有不同的看法。問題的關鍵在於「這是我的身體」和「這是我……的血」中的「是」一詞是帶出等同的意思，還是喻意；基本上，從字義研究來看，兩個意思均可。

對一些基督徒而言，耶穌在最後晚餐中的話，是要把「身體和血」與「餅和杯」等同起來，並藉此闡明他即將要作為新的逾越節的祭物。因此，耶穌的最後晚餐，其實是為新約教會設立一條途徑，使他們能共享上帝藉著這逾越節羔羊──耶穌基督──設立的新救贖。

在猶太人的日常用語中，「眾人」實指「沒有限制的很多人」；這裏譯作「所有人」會更貼切。

然而，對於任何一位猶太人，「喝血」是極為討厭的觀念（申十二25～28），因此，有一些基督徒則相信，耶穌說話中的「餅和杯」只是象徵自己的「身體和血」，並非將這兩者等同起來。雖然傳統觀念都認為，這主餐的血和餅是記念新的約的憑據，但值得留意，符類福音的經文清楚指出，用來立約的是「血」（或「酒」；可十四24「這是我的血，是印證上帝與人立約的血，為**眾人**流的」；太二十六28；路二十二20），非「身體」（或「餅」）。「血」象徵死亡，顯然是指耶穌代贖的死。「身體」象徵生命活動的機制，指耶穌整個人的生命。

這樣看來，今天信徒領受藉著領受杯來記念主耶穌的死，是為了歌頌一種藉著主的死而為上帝(或主自己)與門徒之間建立的新關係；這種記念預示著他將與門徒一同在上帝國度中重聚時的那次筵席。信徒領受餅來記念主耶穌的一生，是為了記念他如何為門徒擘開，毫無保留地把自己一生貢獻出來；這種記念是耶穌對門徒的一種委託，他將上帝對自己的聖召(即他的生命)託付給門徒。

古代也有很多宗教都會舉行禮儀性的聚餐。初代教會時期(公元1世紀)有一個來自波斯的神祕宗教，非常普及，他們敬拜米特拉(Mithras，稱為光神或日神)時也有聚餐。聚餐的目的是想藉著飲食中得到神明的能力，甚至因而提升成為神。為與這種思想抗衡，初期信徒的講道中便強調上帝的能力，不是由任何這種宗教禮儀中而得到的，乃在遵守主餐宣告主的死時而得，因為主就是那位「為我們」死和復活的，而只有他的死和復活才帶來這杯和餅的能力和意義。無論在哪裏，教會聚集承認對主的信靠和遵守主餐，並接受他的赦免，復活的主在那裏就與屬他的人聯合。

9.6. 最後的講論

符類福音將耶穌最後的一夜的焦點放在最後晚餐上，而約翰福音則將重點放在耶穌的講論上，為我們提供了獨特的材料和角度。基本上，符類福音對耶穌被賣和被釘的報道，筆觸是比較沉鬱的，約翰福音就在這低沉幽暗的氣氛下燃點了亮光和希望。

約翰福音中的最後講論，是4卷福音書中篇幅最長的耶穌教訓。我們很難確定，這共117節經文是否都在最後晚餐後，耶穌往一個園子(大概就是符類福音書中的客西馬尼園)途中講說的；作者約翰可能也把耶穌在其他場合的教導加插其中。整個講論結構非常複雜，參孫寶玲著《約翰福音文學註釋》(香港：天道，2002年)。

本節只討論這最後講論中幾個重點；有志詳細探討整段經文的解釋，讀者可參閱**釋經書**。

9.6.1. 耶穌離去的意義 (約十四1～14)

去為信徒預備，應許要再來

在晚餐的時候，耶穌向門徒預言他將會受害和被賣(太二十六21～25；可十四18～21；路二十二21～23；約十三21～30)；面對耶穌的離去和未知的將來，門徒由此而產生憂慮是可以理解的。因此，耶穌在整篇最後講論中安慰門徒，而耶穌給門徒的安慰乃憑藉他們對上帝和耶穌的信心：「你們心裏不要愁煩；要信上帝，也要信我。」(十四1)

耶穌要他的跟從者明白，他之離去並不是慘淡失敗的結局。事實上，他「早已經告訴」他們有關的計劃。耶穌之離去不是無奈黯然的，乃是積極地為他們預備地方，並且應許他必定會回來與門徒相遇：「我去為你們預備地方以後，要再回來，接你們到我那裏去……」(約十四3)。在這個應許方面，符類福音和約翰福音是一致的。馬太記載耶穌在最後晚餐裏，這樣應許他的門徒：「我告訴你們，我絕不再喝這酒，直到我與你們在我父親的國度裏喝新酒的那一天。」(太二十六29)

多馬和腓力向耶穌提出的問題，正正是表示他們不能明白或掌握耶穌的身分和職事(參約十四5、8)。

在約翰福音裏，這個應許建基在耶穌獨特的身分和職事上：「我就是道路、真理、生命；要不是藉著我，沒有人能到父親那裏去」**(約十四6)**；這並不因為門徒不明白而消解。耶穌去為門徒預備，除了表達出他超然的神子身分，也突顯了他對門徒的愛。他之為門徒洗腳、賜下誡命、安慰、應許聖靈、預告將要發生的苦難等等，沒有不是出於關切和愛顧門徒的情懷，以裝備他們面對未來的日子。

門徒將要延續耶穌的職事

耶穌的離去代表他在世上工作的終結，但上帝的工作依然繼續，不會因為耶穌的死而停頓下來。他的工作將會以另一種形式延續和發展。在這最後講論，耶穌特別叮囑他的跟從者將會承繼耶穌在世的職事：「我鄭重地告訴你們，信我的人也會做我所做的事，甚至要做更大的，因為我到父親那裏去。」(約十四12)

這是耶穌為門徒洗腳後賜下的新命令(約十三31～35)，那是他一再強調的(參約十四15～16，十五1～17)。相近的主題，亦見於路加福音裏耶穌在最後晚餐時的勸誡(二十二24～30)。

門徒作更大的事當然不是指他們的工作比耶穌所作的更重要或更超越，畢竟「奴僕不比主人大，奉差遣的也不比差遣他的人重要」(約十三16)。門徒的工作始於耶穌的離去，是「奉耶穌的名」而作，並由耶穌所成全的(十四13)；因此，他們所作的只是延伸、擴展耶穌的工作而已，而門徒靠著堅持耶穌的命令和聖靈所賜的能力，就能承繼耶穌的工作。按耶穌所頒下的命令，所謂「更大的」事可能是指他們要學效主一樣愛他們的弟兄姊妹，甚至甘於犧牲性命。

從耶穌這番最後的講論可知，耶穌的離去並不是一個無奈甚至失敗的終結，而是在上帝工作的計劃裏面；耶穌之離去是為門徒預備，也是將門徒納入上帝工作的計劃和議程裏面不可或缺的步驟。

你是否預備好要承繼耶穌的使命，甚至要犧牲性命呢？

9.6.2. 聖靈保惠師 (約十四15～17、25～31，十五26～27，十六7～15)

路加福音和約翰福音是對聖靈的應許和工作有較清晰討論的兩卷書，其中約翰記載耶穌在他被賣的晚上應許賜聖靈的講話中，更首次以「保惠師」(《和合本》譯，《現修》作「慰助者」)來稱呼聖靈。本節主要就耶穌最後講論中兩段經文，討論聖靈的工作。

與信徒同作見證

在約翰福音的告別講論裏有好幾段論到聖靈的記載；第一段是十四章15至17節和25至31節。從工作和職事的角度來看，聖靈要延續耶穌的同在和啟迪。保惠師是真理的聖靈，祂繼續揭示耶穌一直以來所表達的上帝的真理，但約翰告訴我們，那卻是不為世人所接受和認識的。

然後，在約翰福音十四章25至31節，耶穌進一步闡述聖靈保惠師的工作和角色。耶穌的離去，並不表示門徒被丟下不顧。正如耶穌是啟迪門徒的保惠師(約壹二1)，聖靈在耶穌離去之後也繼續啟迪門徒，使耶穌與跟從者的關係得以延續：

> 但是那慰助者【即保惠師】，就是父親因著我的名要差來的聖靈，會把一切的事指示你們，並且使你們記起我對你們所說的一切話。(約十四26)

聖靈的工作與耶穌的身分和職事有密切的關係，祂是黏合劑，使過去、現在和將來牢固地連結在一起。因著聖靈的工作，縱使耶穌不再在世上，他的跟從者仍然知道自己的根本，就算環境如何的惡劣凶險，他們仍然能確立自己的身分，清楚未來的方向。所以，耶穌的跟從者並不是孤獨地面對世界，因為聖靈保惠師與他們同在，與他們同工，與他們同為耶穌作見證（十五26～27）。有了這個應許，門徒因耶穌離去而產生之徬徨無助，就可以消滅。

指正世人的謬誤

第二段討論聖靈工作的經文是約翰福音十六章5至15節。約翰指出聖靈不單與門徒一起作見證，他更要指正世人：

> 他來的時候，他要向世人證明，他們對於罪，對於義，對於上帝審判的觀念都錯了。他們對罪的觀念錯了，因為他們不信我；他們對義的觀念錯了，因為我往父親那裏去，你們再也看不見我；他們對審判的觀念錯了，因為這世界的王已經受了審判。（約十六8～11）

在這方面，聖靈的工作與耶穌的職事是極之相似的（參三19～21，五22，七7，八24，九39，十二31）。無怪乎約翰將耶穌的離去和聖靈的來臨，並兩者的工作職事相提並論（七39，十六7）。

保惠師來到，是「要向世人證明，他們對於罪，對於義，對於上帝審判的觀念都是錯了」（十六8）：

- 聖靈要指正世人的罪：因為他們拒絕相信耶穌（十二48，八44～47）；在約翰的敘事裏，是否有罪在乎信仰耶穌與否，而非僅指表面的倫理或道德行為。
- 聖靈要指正人的義之虛渺荒誕：耶穌上升歸回父處，正正說明**猶太人所倚賴之義**的虛誕。耶穌即將復活升天歸回父那裏，上帝顯明祂才是義的，祂的義說明那判定耶穌的猶太人所賴的義之虛誕。
- 最後，聖靈更要指正世人審判的謬誤：當耶穌被高舉（被

在約翰的敘事裏，部分猶太人不斷以自己是亞伯拉罕子孫（八39～59）、摩西的門徒（六30～31，九28～29）、恪守五經（五16～18，39～40，45～47等）為義，並且因此而拒絕耶穌是從上而來的身分。

釘十字架)之時，整個世界都必判斷他為失敗、羞辱和必死的。然而，真相是：耶穌在十架上正是他得榮耀的時候(三14，八28，十二32～33)，正是他啟迪上帝榮耀的時候(十三31～32)，也正是他召聚羊羣的時候(十一50、52，十二11、19、32)。當世人以為將耶穌釘在十字架上，是判定他失敗和羞辱之際，這一切一切，卻早在耶穌的了解和預計之內。這個看似是世人對耶穌的審判，卻原來是耶穌對世人的審判。這個逆轉的領悟，正是聖靈保惠師的工作。

聖靈保惠師也繼續耶穌的工作，使「現在擔負不了」的門徒能夠進入真理中(十六12～13)。這不啻是終末論未然(not yet)的一面，仍有未曾全然實現的應許，也説明信仰是一個持續不斷的旅程。也因為耶穌和聖靈都不是終極啟示的源頭，無論是耶穌在世時跟從他的，抑或是後來的信徒，都在這信仰的歷程上等待真理完全啟示的一日。

9.6.3. 葡萄樹和枝子 (約十五1～17)

門徒從耶穌所領受的，不僅僅是應許和安慰，也是他的要求和命令。這正是耶穌告別講論裏著名的「葡萄樹和枝子」講論的主題。

門徒與耶穌的關係

門徒所經歷的安慰和應許，完全在乎他們與耶穌的關係，就像葡萄枝子能否結果，在於它是否連結在葡萄樹上一樣(十五1～17)。門徒之所以能成為緊連於葡萄樹的枝子，並不在於種族因素，而在於他是否認信耶穌就是上帝的獨生子，以及是否認同耶穌的職事就是彰顯上帝的啟示。能夠連在葡萄樹上的枝子，就是認信和接受耶穌的人。

另一方面，門徒與耶穌的緊密關係，也意味著他們將要遭遇耶穌所經歷的際遇(十五18～21)。猶太人拒絕了耶穌，也定必逼迫耶穌的跟從者，但世人這樣做，只證明他們是與上帝為敵(十五23～25)，耶穌的跟從者仍可以因為耶穌已經作出的預告(十六1～4)和聖靈的幫助而持守盼望(十六4～15)，並將會經驗像婦女生產般的喜樂(十六16～24)。

你曾否因為上帝工作的緣故，遭受逼迫？

結果子的生命：犧牲、愛、榮耀上帝

第十五章葡萄樹與枝子的隱喻(十五1～17)，與告別講論其他部分的主題相互呼應：

- 耶穌與門徒的關係(參十三12～17；葡萄樹與枝子的關係，十五1～5)
- 關係的果效(參十四12～13，十五5～8)
- 耶穌的愛(參十四21，十五9～11)
- 耶穌的誡命(參十三34～35，十五12～17)

在這部分裏，耶穌兩次以「我是葡萄樹」來表達其身分和職事。「我是」的表達，可說是約翰福音的特色。

我是……

「我是」表達耶穌身分的獨特和不可取代，也是啟示的本身。無論是「活水」、「天上來的糧」、「光」、「好牧人」、「羊門」、或「道路、真理、生命」，耶穌就是生命和救恩的惟一根源。

六35：「我就是生命的食糧；到我這裏來的，永遠不餓；信我的，永遠不渴。」

八12：「我是世界的光；跟從我的，會得著生命的光，絕不會在黑暗裏走。」

十9：「我是門；那從我進來的，必然安全，並且可以進進出出，也會找到草場。」

十11：「我是好牧人；好牧人願意為羊捨命。」

十一25：「我就是復活，就是生命。信我的人，雖然死了，仍然要活著。」

十四6：「我就是道路、真理、生命；要不是藉著我，沒有人能到父親那裏去。」

十五1：「我是真葡萄樹；我父親是園丁。」

耶穌既自稱是「真葡萄樹」，即暗指有「不真的葡萄樹」。這種帶有抗爭味道的修辭也曾在約翰福音其他地方出現。例如耶穌曾說：

> 我就是生命的食糧；到我這裏來的，永遠不餓；信我的，永遠不渴。……我就是從天上降下來那賜生命的食糧，……不像你們祖先吃過的，他們吃了，還是死了。吃這食糧的，要永遠活著。(六35～58)

又說：

> 我是好牧人，好牧人願意為羊捨命。雇工不是牧人，羊也不是他自己的。他一看見豺狼來，就撇下羊逃跑；豺狼抓住羊，趕散了羊羣。雇工跑掉了，因為他不過是一個雇工，並不關心羊羣。我是好牧人。正如父親認識我，我認識父親。同樣，我認得我的羊，牠們也認得我。我願意為牠們捨命。(十11～15)

其實被耶穌暗喻為「**不真的葡萄樹**」的，應該是猶太人。

一般對這個葡萄樹和果子的理解，不外乎是「傳福音」和「聖靈果子」兩個解釋。但從上文引述另外兩個隱喻的比較，可以看出葡萄樹果子更深一層的意義。上文兩個隱喻的共通點，是耶穌為他的跟從者捨命。若不從平衡的比較來推論，單從表面看葡萄樹的隱喻，耶穌犧牲的意義似乎並不明顯。然而，若能仔細品味約翰福音的脈絡和告別講論的文理，葡萄樹隱喻所蘊含的犧牲的意義，也就昭然若揭了。

在舊約的經書裏，以葡萄樹來比喻以色列人的，實在有不少(耶二21；結十九10～14；詩八十8～9；賽二十七2～6)；所以，耶穌自稱為真葡萄樹，其實是針對猶太人而言的。

首先，在整個告別講論裏，耶穌為跟從者犧牲，顯然是最重要的主題。其次，在約翰福音十三章1至11節耶穌為門徒洗腳的行動中，已含犧牲的意義。最後，在葡萄樹隱喻經文的末段，捨命的主題更是清楚地表達了出來：

> 我告訴你們這些事，為要使你們得到我的喜樂，讓你們的喜樂滿溢。你們要彼此相愛，像我愛你們一樣；這是我的命令。人為朋友犧牲自己的性命，人間的愛沒有比這更偉大的了。(十五11～13)。

與約翰福音裏其他講論一樣，葡萄樹隱喻的意義有兩個方向。一是指向耶穌的身分、職事和應許；其次是基於耶穌而引申指向跟從者的身分和生活倫理。門徒生活倫理的中心就是耶穌吩咐「彼此相愛」的誡命(十三34～35，十五12)。然而，耶穌在約翰敘事裏所要求的彼此相愛，並非浪漫的感覺，其中實在有極高的要求。要了解耶穌所言的「彼此相愛」，必須先體會耶穌的愛。毋容置疑，約翰敘事裏耶穌的愛，是捨身的愛。這愛是他通過十字架、捨去生命來表達的。這是「始終如一地愛他們」的愛(十三1)。儘管耶穌的門徒不完全明白他的愛和職事，甚至他們仍然有誤解，他還是洗了他們的腳。這是鍥而不捨、近乎頑固的愛。耶穌要求他的門徒也以這樣的愛對待同儕，這是作為耶穌的跟從者身分的明證。

這也是使上帝得榮耀的愛。在約翰福音裏，榮耀的含意是犧牲和被高舉(釘十架)。在約翰福音十三章31至35節，「彼此相愛」的誡命是緊接著榮耀的主題出現的。同樣在十五章8節裏，耶穌也吩咐門徒要結果子來榮耀上帝：「我父親將因你們結很多果實而得到榮耀……」從這個角度看，門徒結果子的意義，並不是按一般的理解來解說的。事實上，結果子的主題，早已在十二章1至26節出現：

> 耶穌說：「人子得榮耀的時刻已經到了。我鄭重地告訴你們，一粒麥子不落在地裏，死了，仍舊是一粒；如果死了，就結出許多子粒來。那愛惜自己生命的，要喪失生命；願意犧牲自己在這世上的生命的，反而要保存這生命到永生。誰要事奉我，就得跟從我；我在哪裏，我的僕人也要在那裏。那事奉我的人，我父親一定重用他。(約十二23～26)

耶穌要求信徒學效他的榜樣，這要求是否太高呢？是否真的難以辦得到呢？

在這段經文裏，榮耀、結果子、生命和門徒的意義是緊緊相連的。這段經文的意義與第十五章中葡萄樹的隱喻，實在有異曲同工之妙。耶穌榮耀了父上帝，他的跟從者也要榮耀父上帝；耶穌以擺上自己的生命來結出果實，門徒亦要預備以自己的生命來結出果子。約翰福音十五章所說的結果子，是以恪守彼此相愛的誡命和與主相連來達致的。而從前面兩段天上食糧和好牧人的隱喻來看，耶穌要求他跟從者的愛，也是鍥而不捨、甚至頑固的愛。在必須的情況下，這種愛甚至需要捨命犧牲的：「你們要彼此相愛，像我愛你們一樣；這是我的命令。人為朋友犧牲自己的性命，人間的愛沒有比這更偉大的了。」(十五12～13)

你認為信徒與主的關係，和信徒之間的關係有甚麼關連？

另一方面，耶穌門徒的彼此相愛亦應見於羣體中的倫理生活。就像耶穌為門徒洗腳後，說：「我是你們的主，你們的老師，我尚且替你們洗腳，你們也應該彼此洗腳。我為你們立了榜樣，是要你們照著我替你們做的去做。」(十三14～15)由此看來，枝子連於葡萄樹，並不是甚麼神祕的意思或經驗，而是指門徒與耶穌之間密切的團契，帶來信仰羣體之內甘心犧牲、彼此相愛的倫理生活，並以此使上帝得榮耀。

門徒將要面對世界的拒絕、憎恨和苦難的預告(約十五18～25，十六20～33)，也見於符類福音中耶穌勉勵門徒要警醒禱告的說話之內(可十四37～43；太二十六40～46；路二十二45～46)。而約翰福音詳盡的講論是要讓門徒不致無助地面對困局，因為耶穌早已「把這些事告訴了你們，為使你們的信心不致於動搖……我告訴你們這些事，為要讓你們在這時刻來臨時記得我曾經對你們說過了。」(約十六1～4)

9.6.4. 大祭司的禱告 (約十七章)

耶穌在約翰福音十七章的禱告，被稱為「大祭司的禱告」，因為這整章經文是一個禱告，而其中又以耶穌為信徒代禱的部分至為突出。事實上，這個禱告可以說是承續著告別講論中已出現的主題；同時又總結了福音書的其他主題。從這個角度看，約翰福音十七章1至8節的內容，基本上重述和展現了整卷福音書的主線；耶穌的身分和職事，固然以禱告中所呈現他與父上帝的關係表彰得淋漓盡致，而福音書其他的主題，亦在這個禱告裏得以總結。

榮耀的時刻

「時刻」(十七1)是約翰福音裏重要主題之一。自二章開始，福音書即以耶穌對「時刻」的掌握，突顯他的主權。這個「時刻」也為讀者提供了「永恆的生命」的意義和基礎：「認識你是惟一的真神，並且認識你所差來的耶穌基督，這就是永恆的生命。」(十七3)而「時刻」的進程也成為了福音書的一股力量。在十三章1節出現的「時刻」如蓄勢待發，直到十七章才進入高潮。

另一方面，約翰福音裏的「時刻」是與「榮耀」緊緊相連的。耶穌的「時刻」，不是無奈、落難、悲傷的時候，而是「榮耀的時刻」。這個「榮耀的時刻」是耶穌「被舉起」、「離開世界、回父親那裏去」的時候，是清楚說明耶穌是上帝兒子的時候、是「上帝與人契合」的時候。這個時刻是救贖成就的一刻，是天人間契通的橋梁開通的時候(一51，十四4～6)。

為他的跟從者代求

然而，約翰福音裏的榮耀，並不僅僅是父上帝和耶穌基督之間相互的團契和稱讚，更是上帝救贖的彰顯。耶穌這榮耀的時刻(即他的被釘、復活至升天)是要成就上帝和人之間的相遇，他的跟從者是能夠瞥見並且分享這份榮耀的一羣(十七6～8)。他們既見證了救贖的榮耀，又是父上帝賜給耶穌的一羣，耶穌要離去，自然要為他們代禱。而且在耶穌離去以後，他們仍要在世上，面對一個充滿敵意和誤解的世界(十六29～31，十七9～11)，父上帝的保守(十七11下、15)將會是耶穌的跟從者面對世界時的支持和基礎。上帝的保守眷顧，源於自身的性情和名稱(十三～十七章)，一如耶穌在世時保守門徒(十七12)，也不是因為門徒已經對耶穌理解和認信了；借用新約另一位作者保羅的講法，那是全然的恩典。是故，儘管十七章6至8節文字上似乎指出那是門徒信心的效果，但實際上，耶穌為門徒禱告，是基於上帝的情義，並不是因為門徒已經「遵守」、「知道」、「領受」、「信」了。將這些積極的言詞加於門徒身上，只是從另一個角度流露耶穌那鍥而不捨、近乎固執的愛而已。因為縱使門徒未必能恪守耶穌的吩咐，他們的信心亦不見得恆切堅定。但耶穌仍然以積極的態度鼓勵他的門徒。

你怎樣理解信徒要「不屬於世界而又不離開世界」呢？

耶穌的代禱，也顯示跟從他並不是浪漫的經歷。「不屬於世界而又不離開世界」的處境（十七14～16），是極吊詭的現實，也解釋了所謂的「分別」，並不是退隱的抽離，而是批判的同在，一如耶穌在世界卻不屬於世界，以致招來世界的憎恨一樣（十七16）。正因如此，門徒需要上帝的道／真理使之「分別」「成聖」（《和》的翻譯用語）。畢竟，耶穌的跟從者不應被動地佇候，他們必須像他們的主一樣進入世界裏去，「正如你〔父上帝〕差遣我進入世界，我〔耶穌〕也差遣他們進入世界。」（十七18）

更重要的是，耶穌的代禱的對象並不僅限於他在世時的跟從者，也包括「那些因接受他們〔耶穌的門徒〕的信息而信我的人」（十七20）。自然，耶穌對門徒的應許，也適用於後世的跟從者。約翰福音十七章20至29節的禱求，正正是清楚地流露這個關注。後世的跟從者既然是耶穌代求的對象，他們當然也承擔同樣的使命，一如耶穌所言：「願他們都合而為一。父親哪，願他們在我們的生命裏；正如你在我生命裏，我在你生命裏一樣。……，為要使世人信我是你所差遣的。」（十七21）十七章所講的「在」，在語意層面上與十四和十五章所講的愛的團契關係無異。是故，後世的跟從者與耶穌、甚至父上帝合一的意思，基本上不是指個人內在的屬靈經驗而言。無論是第一代的門徒或後世的跟從者，都是「讓世人知道父上帝差遣耶穌，也知道父上帝愛他們，像愛耶穌一樣」的見證和記號（十七23）。

溫習問題

1. 橄欖山在聖經裏面具有甚麼意義？
2. 羣眾擁戴耶穌進入耶路撒冷，其實背後透露一個甚麼期望？這與耶穌要帶來的現實有多大的差距？
3. 為甚麼耶穌要潔淨聖殿？
4. 耶穌詛咒無花果樹，其實要帶來甚麼信息？
5. 耶穌對於窮寡婦的奉獻有很高的評價，他讚賞的是甚麼呢？
6. 公元1世紀的歷史發展，怎樣影響福音書作者對末世預言的理解？
7. 今日教會的主餐禮含有哪5重意義？
8. 對比逾越節晚餐，主餐的設立表達了甚麼信息？
9. 約翰福音記載耶穌為門徒洗腳，當中帶有甚麼意思？他吩咐門徒也要「彼此洗腳」表示甚麼？
10. 耶穌的最後講論帶給門徒甚麼安慰和使命？
11. 耶穌提及將聖靈賜下的目的是甚麼？聖靈要成就哪兩項工作？
12. 在葡萄樹和枝子的關係裏面，耶穌對門徒的要求是甚麼？結果子使上帝得榮耀是甚麼意思？
13. 大祭司的禱告中，耶穌為他的跟從者代求時著重哪幾點？對於後世的信徒有甚麼意義？

第十章

耶穌的受難與復活

- 耶穌被捕
- 耶穌被審
- 耶穌受難
- 耶穌苦路的總覽
- 耶穌復活

耶穌的受難與復活是4卷福音書的核心，亦是基督教信仰的基礎。在內容的分鋪上，4卷福音書花在這短短幾天的時間較花在耶穌一生中的其他時段為多。然而，即使在這個耶穌生平中最關鍵性時刻，4卷福音書的記載依然是有出入的，所以要確切地追溯這幾天所發生事情的次序和每一處地方確切的所在地是非常困難的。正如在本書的開頭就已經指出，4卷福音書的作者均著重事件的中心和意義多過事件的細節。

10.1. 耶穌被捕

按照四福音書記載，在最後晚餐之前，猶大與祭司長等人已經就出賣耶穌一事有過接觸，且已商定了猶大出賣耶穌的報酬（太二十六14～16；可十四10～11；路二十二3～6），而馬太更明確地指出是**30塊銀幣**。耶穌當時已經知道誰將會背叛並否認自己，亦明確地預言了此事的發生（太二十六21～23；可十四18～20；路二十二21；約十三21～26）；按約翰福音的記載，耶穌其實在更早的時候就已經知道猶大會出賣他（約六70～71）。因此，耶穌與門徒共晉這最後晚餐時的心情必定是非常沉重，原來他一直視如夥伴，期望能承繼他衣缽的班子中，竟然有人出賣他。

「30塊銀幣」這數目約為當時一名奴隸的價錢。

10.1.1. 耶穌在客西馬尼園 （太二十六36～46；可十四32～42；路二十二39～46）

位於耶路撒冷以東約1公里的橄欖山，按路加記載（路二十一37），耶穌在進入耶路撒冷之後，每夜都出城到這裏住宿；他亦是從這裏被接升天的(徒一11～12)。

晚餐與唱詩之後，耶穌領眾門徒向橄欖山上西面的**客西馬尼園**進發(太二十六30；可十四26；二十二39)。耶穌在途中直言，門徒當夜都要棄他而去，但彼得卻反駁耶穌，並表示自己永不離棄他(太二十六33～35；可十四27～31；路二十二31～34；約十三36～38)。耶穌立刻指出，次日雞叫以前，彼得將會3次不認耶穌。

這「客西馬尼」確實的地點未能確定，但約翰福音卻指出，這園子在汲淪溪。「客西馬尼」希伯來語的意思為「榨油」，因此它與橄欖山的聯繫較為密切。

耶穌和門徒來到這園子，先吩咐其餘門徒在一處等候，隨後帶著彼得、約翰、雅各3人同去禱告。耶穌要求這3位門徒在其整個禱告過程中保持警醒，並挨近他而坐(太二十六36～38；可十四32～35)。耶穌共禱告了3次，每次的內容都是一樣的(太二十六39；可十四35～36；路二十二41～42)，從中流露出耶穌對將要承受之苦難、恥辱、憎恨、背叛和嘲笑的恐懼：

你若是彼得，聽到老師這樣說自己，你的反應會是怎樣？

> 父親哪；若是你願意，就把這苦杯移去；然而，不要照我意思，而是要成全你的旨意。(路二十二42)

如果你是耶穌，面對這樣的一羣門徒，你會有怎樣的心情？

對於那些不時要面對苦難和逼迫的早期教會的信徒，耶穌在恐懼中流露出的軟弱，讓他們確信耶穌能體會他們的痛苦(來五2)。然而，福音書作者不是要讓我們單單看到耶穌的恐懼，而是要我們看見他如何勝過恐懼，順服在上帝的旨意之下。正如希伯來書作者這樣描述我們的主：

與福音書其他篇幅所描繪的耶穌相比，你認為在客西馬尼園的耶穌有何不同？(另參路二十二44)客西馬尼園的耶穌對你來說有甚麼意義？

> 我們的大祭司【指耶穌】不是不能同情我們的軟弱。相反地，我們的大祭司曾經像我們一樣在各方面經歷過試探，只是他沒有犯罪。所以，我們應該大膽地來到上帝

恩典的寶座前，好領受慈愛和恩典，作為我們及時的幫助。(來四15～16)

耶穌把自己的親信帶來，本是希望當自己面對生命中最困難的一關時，能夠得到他們的支持，然而，他們竟然都昏昏欲睡。路加為了指出耶穌的幫助不是從人而來，而是從上主而來，因此特別記載一位天使從天上顯現，加添他的力量(路二十二43)。

10.1.2. 耶穌被捕的情景 (太二十六47～56；可十四43～52；路二十二47～53；約十八2～12)

第三次禱告結束後，耶穌喚醒了沉睡中的眾門徒，因為人子被出賣到罪人手中的時候到了。就在這時，猶大出現在他們面前，並且帶來了一羣全副武裝的人，又有祭司長、經學教師和長老等(太二十六47～49；可十四43～46)，而約翰福音記載，當時還有羅馬士兵在場(約十八3)。

親吻是當時非常普遍的打招呼行動，因此，猶大大概沒有甚麼特別含意；鑒於當時天色昏黑，用這個行動作為暗號，也是很適合。

按符類福音所記，猶大用一個事先安排好的暗號——**親吻耶穌**——使士兵們辨認出誰是他們所要捉拿的人。耶穌被捕時，曾有一位門徒企圖使用武力抵抗，用刀削掉了大祭司的僕人的一隻耳朵。約翰福音更指明這門徒就是西門．彼得，而那位僕人名叫馬勒古(約十八10～11)。但耶穌轉身命令彼得「把刀收起來」，他強調他的工作不是憑刀劍成就的——若耶穌有這需要，他豈只有這羣漁夫來作護衛呢？路加福音記載耶穌用手觸摸大祭司僕人之耳朵，並將他醫好(路二十二51)。耶穌亦責備那些前來捉拿自己的人，因為他們的手中拿著刀劍與棍棒，彷佛前來捉拿盜賊一般。

當耶穌危難之際，門徒都離他而去(太二十六56；可十四50)。馬可福音還記述了另一件頗為有趣的事：一位跟隨著耶穌的年青門徒因被士兵追捕而轉身逃跑，在逃跑過程中，還丟下了用來遮身、僅有的一塊麻布(可十四51～52)。這件事也許有一定的代表意義，因為這名門徒的赤裸同時亦象徵著所有門徒的羞恥——背棄耶穌而帶著慚愧地各自逃命。此刻，孤零零的耶穌被先後帶去兩處接受盤問，分別是猶太教領袖的府邸和彼拉多的官府。

你認為用刀劍來回應刀劍的迫害，可以解決問題嗎？

猶大為何出賣耶穌？

聖經從未明確指出加略人猶大串同祭司長等人策劃出賣耶穌的動機，但馬太、馬可和約翰福音書似乎都暗示，這是基於猶大內心之貪婪所致。

耶穌在伯大尼那名長大痲瘋的西門家裏，曾讓一位婦女用極貴重的香膏膏抹他；那婦女的舉動引來幾個門徒的不滿(太二十六6～13；可十四3～9)。按馬太和馬可福音的編排，緊接著這事件便是猶大與祭司商量要出賣耶穌。約翰福音雖然沒有把這兩件事放置在一起，卻毫無客氣地指出猶大的貪婪：「他……並不是真的關心窮人，而是因為他是賊；他管錢，常盜用公款。」(約十二5～6)這貪婪的心可能成為猶大被撒但利用的原因；路加福音與約翰福音均認為，猶大的背叛行為乃是由於他為撒但控制所致：「撒但進入加略人猶大的心。」(路二十二3；比較約十三27)

另有些人認為，「加略人」(Iscariot)一詞，既可指他來自的地方(但這地方的確實位置卻未能肯定)，亦可能含有屬於當時猶太教中激進派組織「匕首黨」或「刺客黨」(Sicarii)之義。假如按後者來理解，猶大可能不贊成耶穌的和平主義，反而擁護武裝反對羅馬人；因此，他出賣耶穌之目的可能在於激起一場猶太人民反抗羅馬統治的革命。

據馬太福音記載，猶大在拿到那30塊銀幣後心生懊悔，將銀子送還之後便自縊身亡了。而在使徒行傳一章18至19節中還有著這樣的紀錄：猶大買了一塊「血田」，在那裏墜下，「五臟迸裂」而死。

10.2. 耶穌被審

耶穌被捕後曾有先後兩次受審，一次是在猶太人公會面前，而另一次則是在龐修・彼拉多的官府。表面上似乎是公允、合理的程序，但事實上卻夾雜著陰謀和假公濟私。

雖然4卷福音書均有記載耶穌接受猶太教領袖的審訊，但次序和細節卻有明顯的出入：

1. 馬太和馬可均指出，耶穌先被押到大祭司該亞法那裏去，並在夜間接受審訊；天一亮，耶穌就被送到彼拉多的官府，繼續接受審訊。
2. 路加指出，耶穌被帶到大祭司的府邸裏，並沒有接受審訊，但受到看守的人戲弄；到天一亮，他們把耶穌帶到猶太人的議會去受審，然後才帶到彼拉多的官府去。
3. 約翰則指出耶穌先被帶到大祭司該亞法（任期：公元18～37年）的岳父亞那（任期：公元6～15年）面前，接受盤問，然後才被送到該亞法那裏；天亮之前，再被送到彼拉多的官府。

大祭司的職位是終身制的；但自馬加比運動後，大祭司的任命已經與政治分不開了。在大希律作王的時候，大祭司更是由大希律所欽點的；但在他死後，這權力就歸羅馬政府。在耶穌出來傳道之時，雖然羅馬政府已委任了該亞法為大祭司，但那「前任」大祭司依然有很大權力。

10.2.1. 耶穌受猶太人審訊

(太二十六57～68；可十四53～65；路二十二63～71；約十八12～14、19～24)

前一章已經指出，在約翰福音裏，最後晚餐、耶穌被捕和受審的**日期**都比符類福音記載的早了一天，在時間上這是比較合理的，因為猶太人大概不想在逾越節這重大節期處理這等事，更不想因此而沾上不潔(約十八28)。路加福音記載這次審訊是在猶太人議會裏正式進行的(路二一二66)，這是有別於其他福音書的。原因可能是，其他3卷福音書的作者似乎要質疑這次審訊的合法性，例如：審訊的時間竟是在晚上，況且是在家裏(無論是該亞法，抑或是其岳父亞那的家)進行。公元2世紀末編成的《米示拿》指出，這樣進行審訊是不合法的。簡言之，耶穌在夜間受審，極其量只是一種非官方式的盤問；又或，福音書作者都刻意要描繪猶太人司法機關的不法行為。

符類福音清楚説明，那最後晚餐是在逾越節當晚吃的(太二十六19；可十四16；路二十二13)，因此，耶穌在客西馬尼園與門徒相聚，之後的被捕和受審都是在當晚發生的。

福音書雖然在記載猶太人審訊耶穌的時間上有些微的出入，但在對耶穌的指控上，我們則可以在4卷福音書中得出共識；整體來説，馬太和馬可福音的版本較為詳細和一致，而路加和約翰福音則可以作為補充。

祭司長等人的指控首先是環繞聖殿的事情上(太二十六59～63上；可十四55～61上)，這當然與耶穌曾經潔淨聖殿和預言聖殿被毀有關。在當時的猶太人社會，聖殿關係到祭司和撒都該人等權貴的利益，也與倚靠聖殿來謀生的人有莫大的關連；更嚴重的是，**聖殿既是整個猶太教體制的核心之一**，祭司們認為，耶穌的行動和言論是公然向這個制度作出挑戰。在過去幾百年(所謂兩約之間的歷史)，猶太人的政治地位與聖殿體

據《米示拿》的記載，當時的猶太教的核心有三：聖殿、妥拉(即律法)和善功。

制是不能分開的；大祭司和祭司長等人（包括撒都該人）掌管著猶太人的民生，又代表整個猶太民族與羅馬政府協商種種事務。按舊約申命記十七章8至13節引申出來的教導，他們的指控若能成功，就可把耶穌處死；然而，他們的指控缺乏足夠的證據，而耶穌的沉默只令他們更是氣憤。

他們對耶穌的第二個指控是關於耶穌的身分：「你是不是基督，是那位該受稱頌的上帝的兒子？」（可十四61下）其中可能有政治和神學的意義。「基督」在1世紀已經不是一個陌生的詞彙，事實上，不少作亂者就自稱是「基督」、是上帝所膏立的、是猶太人的王，藉以聚集黨羽。耶穌單單一句「我是」相信不會構成他的死罪，問題是耶穌另外為這身分下了定義：

> 我是！你們都要看見人子坐在全能者的右邊，駕著天上的雲降臨！（可十四62）

眾人對耶穌的拒絕和唾棄，對你有甚麼啟迪？

這回答綜合自舊約但以理書七章13至14節和詩篇一百一十篇1節兩段經文。耶穌這樣回答的目的，是避免猶太人將他直接等同為他們所認為的彌賽亞或基督，因為對當時的人而言，基督是一位政治領袖，也許像國王一樣管治國家；然而，真正的基督並不是這樣的。耶穌在這裏以「人子」自稱，既強調他是坐在上主（即「全能者」）的右邊、擁有尊貴和能力的那一位，他更要表達他神性的一面（「駕著雲來」，但七13）。按但以理書的描述，這人子降臨是帶著「權威、光榮，和王權，好使各國、各族、説各種語言的人都服事他」，明顯帶有末日審判的意象，亦清楚指出耶穌要帶來一個有別於以色列民族的新的國度。大祭司對耶穌這番説話的即時反應，大可證明他們明白耶穌的回答的嚴重性。在符類福音書裏，這個宣告是最徹底和坦白的了；而在這一個宣告的面前，大祭司和一眾的反應同樣也是徹底的——徹底地拒絕和唾棄。

10.2.2. 彼得不認主 (太二十六69～75；可十四66～72；路二十二55～62；約十八15～18、25～27)

最讓人反複思量的是4卷福音書同時都將彼得3次不認耶穌的經過，放在耶穌被祭司審問的過程中間。

> 不像猶大，彼得並沒有因此而放棄自己、背棄自己的信仰，他反而堅強起來，日後成為教會的領袖。能夠甘願一生背負這個「不認主」的罪名，這份勇氣可不簡單。你有否類似的經歷呢？

正當耶穌被送至大祭司的府邸裏，本來已經離開的彼得決定轉回來，要看看事情如何發展下去。約在凌晨3點左右(耶路撒冷4月間公雞啼叫的時間)，彼得分別3次被問到是否認識耶穌。儘管彼得的身分被識破，但他仍然3次否認自己與耶穌的關係(太二十六69～75；可十四66～72；路二十二55～62；約十八15～18、25～27)。按照馬可的記載，彼得在最後一次更賭咒來否認(可十四71)。不知道彼得是否受驚過度才如此否認，但路加卻特別記載耶穌轉過身來看彼得，使他想起日前耶穌對他的預言；這一次短暫的眼神接觸相信足以令彼得畢生難忘。

> 你曾否以為自己能夠應付信仰上的挑戰和逼迫？結果如何呢？

3年多的同甘共苦似乎並不能為耶穌帶來多少個知己良朋；即使是和他一起的朋友和學生，親耳聽過他的教導，親眼目睹他施行的神蹟的人，在最重要的關頭竟然先後出賣他和不認他。彼得的軟弱也許正好向世上所有的信徒發出警告：我們沒有一個人能在主面前自誇，以為單憑己力可以站立得穩！

10.2.3. 耶穌受彼拉多審訊

(太二十七1～26；可十五1～15；路二十三1～25；約十八28～十九16)

耶穌先在猶太人宗教領袖面前受審，證明整件事都是源起於猶太人，亦屬猶太人的宗教事務，然而，要把耶穌置於死地，就必須經過羅馬的審判程序(約十八31)。於是，他們把耶穌送到羅馬派駐猶太地的巡撫，龐修．彼拉多那裏繼續受審，他們並且指控耶穌犯上以言行煽動羣眾反抗羅馬統治之罪，而此次審問的關鍵則在於要弄清楚「耶穌是否猶太人的王」。

據路加福音記載，當彼拉多得知耶穌是加利利人後，便認定此案應歸負責這地區的希律．安提帕管理，於是他又將耶穌送至希律那裏(希律的官邸設在加利利湖旁邊的提比哩亞城中，由於要過逾越節，那時他剛好也在耶路撒冷)。然而在希律面前，耶穌再度保持了沉默(路二十三6～12)。

按約翰福音所言，耶穌與彼拉多兩人曾就上帝國的屬性有過嚴肅而認真的討論(約十八29～38)。某程度上，耶穌確實承認他是猶太人的王，但他的國度不屬於地上、不是猶太人所期望的那國度，亦不會威脅羅馬人的管治。雖然彼拉多不太明白耶穌的意思，但他顯然不覺得耶穌有甚麼罪。事實上，在衡量猶太教領袖和彼拉多在耶穌之死一事所應付的責任時，4卷福音書的作者顯然是藉著彼拉多的審判和他那無奈的決定，表現出耶穌的無辜和猶太教領袖不可推卸的責任：

1. 路加福音明確地指出，彼拉多曾多次聲稱耶穌是無辜的(二十三4、13～16、22；另參約十八38)；
2. 彼拉多一再思索自己可以如何行使「每逢逾越節為猶太人釋放一

個囚犯」的這項特權；他確實希望羣眾願意釋放耶穌——儘管他用「猶太人的王」來稱呼耶穌的確帶有譏諷的意味（太二十七11～26；可十五2～15；路二十三13～25）；

3 馬太福音還記載了彼拉多的妻子派人給彼拉多帶來一個口信，勸告他不要處死這個無辜者（耶穌），因她作了一個有關耶穌的夢（太二十七19）；

4 馬太福音又記載，彼拉多在眾人面前洗手表明自己與猶太人殺害耶穌的罪行無干（太二十七24）；

5 據約翰福音記載，彼拉多為釋放耶穌一事作出很大的努力，但他最終還是在猶太人一片釘死耶穌的叫喊聲中作出了妥協（十九12～16）。

我們不要以為彼拉多對耶穌有好感，他其實是個假仁假義的人。自彼拉多接任為猶太巡撫（公元26年），他所作的一切，都證明他是一個仇視猶太人的反猶派分子。羅馬人知道猶太人一直都譴責圖像，但彼拉多一上任居然吩咐人舉起羅馬帝國的鷹旗在耶路撒冷街上遊行；雖然在民眾的抗議之下，他停止了這項活動，但是在希律皇宮之上卻高掛繪有當時君王（即凱撒提庇留）肖像的盾牌。他甚至強迫要使用聖殿的收入支付工程，引起一場血腥暴亂。彼拉多試圖免耶穌於死刑，恐怕不是出於公正或同情，而是要使猶太人領袖難堪，故意不讓猶太人領袖得逞。

彼拉多既未能與猶太人領袖達成協議、釋放耶穌，便將耶穌交到猶太人的手中。約翰記述，彼拉多是端坐在名為「**石砌階**」的審判座上宣判。宣判耶穌的時間與地點亦襯托出此事的含意：宣判耶穌之時正值猶太人逾越節當天中

這個地方的具體位置未能證實，可能是位於聖殿旁邊的「安東尼亞堡」，亦可能在彼拉多的羅馬總督府內。約翰福音十九章13節提及的希伯來話「加巴大」，其意思不明確，但明顯不是「石砌階」。

午，也就是說，此時猶太各家庭均在宰殺逾越節的羔羊；在約翰福音裏，耶穌就是逾越節的羔羊(約十九14)。

在彼拉多宣判耶穌後，羅馬士兵剝去了耶穌的衣裳，並給他披上長袍、戴上荊棘冠冕，且將一根藤條放在他的右手之中(太二十七27～32；可十五16～21；路二十三26～32；約十九1～3，16～17)。士兵們還向耶穌吐唾沫，並嘲笑、戲弄地稱耶穌作「猶太人的王」。戲弄完耶穌之後，這些兵士給耶穌穿上他原來的衣裳，並要他自行背著十架，穿過耶路撒冷狹窄的街道，在人羣中走過，朝著各各他而去。

是誰被審判？

在對耶穌接受審訊的記載中，我們不難發現當中有很多胡鬧，甚至是諷刺的地方：

- 要捉拿耶穌的人捉到了他，卻被他一句「我就是」嚇倒，跌在地上(約十八6)；
- 猶太教司法機關本來應該要光明地行事，但卻只敢在夜間審問耶穌，而且在私人地方進行；
- 他們既沒有實質證據，只好找幾個人作假見證，但大概沒有事先演習一次，竟然自相矛盾(耶穌可能在心裏笑起來)；
- 一直以來，猶太人都很渴想有「猶太人的王」，然而，他們竟親手把「猶太人的王」押到彼拉多那裏去，要治死他；
- 對於羅馬官員來說，事件本來是很嚴重的，但彼拉多竟然不想受理，而儘管接辦了，又查不出甚麼來，甚至設法要勸服猶太人釋放耶穌；
- 耶穌的沉默更是有趣，亦叫審判官(無論是猶太人抑或彼拉多)氣結；不管他們怎樣處置他，他也不在乎，就連彼拉多也為耶穌焦急起來(太二十七13～14；可十五4～5)；
- 祭司長對彼拉多宣認：「只有凱撒是我們的王！」既是極為諷刺，亦甚可恥的(約十九15)。

福音書作者要借助這些胡鬧的情景，指出實際被審判的不是耶穌，而是人羣：是猶太教的司法機關，是大祭司等人，是猶太人；馬太在這方面是最直截了當的：「羣眾異口同聲說：『他的血債由我們和我們的子孫承擔！』」(太二十七25)除此以外，還有門徒，他們都離棄了主，而彼得和猶大只是其中兩個代表。在福音書的記載中，真正受到審判的正是這世界上的人。

10.3. 耶穌受難 (可十五16～41；太二十七27～56；路二十三32～49；約十九1～37)

耶穌在羅馬士兵的手下，開始了苦難的凌辱。士兵以紫袍披於耶穌身上，以荊棘編作的冠冕套在他頭上，再打他、吐唾沫在他臉上，然後又屈膝拜他。士兵們並不知道他們眼前所愚弄的，竟是真真正正的君王。

羅馬士兵帶耶穌到耶路撒冷城外一座名叫「各各他」(意為「髑髏岡」)的山上，而耶穌亦在此被羅馬士兵釘上了十字架(太二十七33～37；可十五22～32；路二十三33～43；約十九18～24)。當耶穌被釘上十字架後，羅馬士兵便抽籤分他的衣服，這一情景恰好回應了舊約詩篇二十二篇18節的預言。這事以後，羅馬士兵又將一塊牌子釘在耶穌的頭上(即十字架的頂部)，其上寫著：「**拿撒勒人耶穌，猶太人的王**」。據約翰福音記載，這塊牌子可能由彼拉多親手所書寫，並且用3種文字：希伯來文(猶太人的語言)、拉丁文(即羅馬帝國的官方語言)和希臘文(當時非常通行的語言)；留意文中的「希伯來文」，一般認為是指「亞蘭文」。

話雖如此，傳統的描寫只以INRI簡寫的拉丁文列出，全文是Iesu Nazaretius Rex Iudeorum。

當上帝的兒子耶穌掛在十字架上的時候，十架下竟還是一片喧嚷。有人為他的衣服抽籤，看看誰可以得到。走過的人辱罵他和取笑他：「哼，你這要拆毀聖殿、三天內把它重建起來的！現在從十字架上下來，救救自己吧！」祭司長和經學教師戲弄他：「他救了別人，卻不能救自己！基督，以色列的王啊，現在從十字架上下來，讓我們看看，我們就相信！」(太二十七40～42；可十五29～32)

此名囚犯願意悔改不等於他沒有犯罪，然而，每一個人——儘管是死囚，都有接受福音的權利。

比較猶大、彼得和這名囚犯，你能看出上帝對人的憐憫和赦免的心腸嗎？

耶穌被釘在十字架是基督教歷史中最悲慘的鏡頭，然而，路加卻在這悲慘的一幕中，記載了一個非常温馨的場面；就在十字架上，福音的門依然是敞開的，我們的主還是爭取用這救人的福音拯救所有願意接受的人。當日與耶穌同釘十字架的還有兩個囚犯，一個在耶穌的左邊，另一個在耶穌的右邊。雖然馬太和馬可均記載，兩名囚犯都嘲笑耶穌，但路加卻清楚指出，當時嘲笑耶穌的僅是其中有一名囚犯，而另一名強盜不僅指摘了自己同伴的行為，並且對耶穌說：「耶穌啊，你作王臨到的時候，求你記得我！」耶穌隨即向該強盜保證，當日他就能與自己一起在樂園裏(路二十三40～43)。

10.3.1. 耶穌離世的情景

如同阿摩司先知在800年前預言(摩八9)，在主的日子，上主要使太陽在中午下山，白晝變為黑暗。

耶穌大概在上午9時左右被釘在十字架上，而按符類福音所言，當日中午時分天開始變黑，並一直持續到下午3點(太二十七45～61；可十五33～47；路二十三44～55)；這要見證人類歷史上最**黑暗的日子**。十字架上的痛苦必定是真實和無情的。馬可和馬太福音赤裸地呈現這幅圖畫：「到了下午三點鐘，耶穌大聲喊：『以羅伊、以羅伊，拉馬撒巴各大尼？』

意思是：『我的上帝、我的上帝，你為甚麼離棄我？』」(可十五34)之後，耶穌大喊一聲，就斷了氣。

據約翰福音所述(十九31～37)，羅馬士兵前來要打斷所有犯人的腿骨，旨在加速他們的死亡(因為逾越節將會在日落後開始)，但來到耶穌旁邊，發現耶穌已經斷了氣，因此就沒有打斷他的腿骨，而這亦成就了舊約聖經中「他的骨頭一根也不可折斷」(出十二46；民九12；詩三十四20)的預言。聚集觀看的人羣各自回到家中，而耶穌的跟隨者也只剩下數名婦女，她們目睹了耶穌的身體從十字架上被取下來的過程。

基本上，福音書沒有討論耶穌受難的意義和影響，這要留待其他聖經書卷作者(如保羅)的發揮，然而，藉著一些具代表性的事件，福音書作者亦暗示了耶穌的死的神學意義。例如，馬太和馬可均記載外邦人(軍官和其他看守的兵士)的宣認：「這個人真是上帝的兒子」，而路加則記載百夫長說：「這個人真是個義人」。這不單止是一些閒談的說話，而是代表他們的宣認和懊悔；他們的外邦人身分更要帶出，在上帝的國裏，外邦人要較猶太人更早悔改。

較特別的是聖殿中聖所與內裏的「至聖所」之間的**幔子一裂為二**的記載(太二十七51；可十五38)。只有大祭司才可以進去至聖所為以色列人贖罪，而且只是一年進入一次(利十六章)，因此，這幔子象徵至聖的上帝與世俗的分隔。這幔子裂開，也就是說，上帝和人之間的阻隔已經除去了，現在所有人都可以自由地進到上帝那裏，因為基督的死所代表的獻祭，已經為我們贖了罪(參來九1～24，十19～22)。此外，既然幔子代表上帝的居所，它的存在意指聖殿及於其中敬拜的子民是屬於上帝

按路加的記載，幔子似乎在耶穌斷氣前裂開的。(路二十三45)

的，所以，幔子裂開就表示上帝的憤怒臨到，不再以此殿為祂的居所；這也說明猶太人棄絕、甚至釘死耶穌是絕對的錯誤，也同時是上帝稱耶穌為義的明證。

士五4；賽五25，二十四18；結三十八19；耶四23～24；珥二10；鴻一5～6。

最難解釋的是馬太所提及的大地搖動、巖石崩裂、死人從墳墓裏出來（太二十七52～53）。在**舊約聖經**和典外文獻裏，地的震動和磐石崩裂表示終末時期上帝的審判。這些匪夷所思的描述並不是指當時實際發生的事情，而是作者用一種專門用來描述末世的天啟文學語言，指耶穌的死會帶來這些末世的徵兆。馬太藉著這些景象，通過舊約的信念和傳統，表達上帝的能力已經彰顯，而上帝的審判和國度已經在耶穌的死上表露無遺。

釘十字架

十字架這刑罰源自希臘，自公元前3世紀，已有文獻記載羅馬人使用這種刑罰，主要用於羅馬社會的低層階級，尤其是奴隸階級、罪犯、以及非本國公民等，又或犯了叛國罪的羅馬公民。

由於釘十字架既不損壞內臟，又不會使人一下子失血過多，所以整個死亡過程漫長而痛苦。被釘十字架者的呼吸會漸漸變得困難，且最終會在窒息、休克、饑餓以及乾渴等多種因素的相互作用之下而死去；有些人釘上十字架之後，竟要足足一個星期之後才斷氣。有時，死者的屍體還會因得不到掩埋而成為飛禽與走獸的食物。在耶穌時代，羅馬人釘十字架的方法其實有好幾種，可以把犯人用繩捆綁，或者用釘釘在用木頭造的十字架上；十字架的形狀可像「T」字，或像加號（＋）。1968年，在耶路撒冷城中的一個公共墳地內發現了一具在公元70年之前被釘十字架的男性屍骨，其年齡不到30歲。這具屍體的手骨與前臂完好無損，這可以證明此囚犯的手臂是被捆綁於（而非釘於）橫木之上的。然而，在耶穌被釘十架這案例中，他的手應該是被釘在橫木上的（參約二十25）。

猶太人因舊約申命記二十一章23節記載「因為屍體掛在柱子上將招惹上主詛咒那

土地」而特別懼怕這一刑罰。儘管這句經文的原意，實指不應把一名已死的罪犯掛在木頭上，但到公元1世紀，這番話卻與被處十字架死刑的囚犯聯繫了起來，而保羅亦在加拉太書三章13節中反映這理解。釘十字架這一刑罰是那樣的可恥，以致於它永遠也不可能成為猶太人心目中殉教與反抗的標誌。

然而，從新約聖經的其他書卷可以看出，耶穌在十字架上之死並未被看成是一種恥辱，相反卻被當成了他一生的目標與方向，而保羅更明確指出，那以十字架為代表的道理，「在那些走向滅亡的人看來是愚拙的；對我們這些得救的人來說，卻是上帝的大能」(林前一18)。耶穌被釘十字架成為一種贖罪祭，通過這樣的獻祭，人得以與上帝重新和好。

10.3.2. 耶穌被埋葬

按約翰福音的記載(約十九14)，耶穌是逾越節羔羊，因此，他是在逾越節日落之前離世的，大概是在下午3時左右(太二一七45～54；可十五33～39；路二十三44～48)。逾越節在日落時就開始，因此，旁觀者亦陸續離開各各他，各自回家去吃羔羊，慶祝節日去了。

耶穌搖搖晃晃地掛在十架上，架子下有他的母親馬利亞和其他婦女，而他的門徒大概都躲在暗影中哭泣，既為他們老師的死傷心，也實在為他們自己的可恥而悲痛。但是怎樣收拾耶穌的屍體呢？在這時，一個猶太人議會的成員，就是來自亞利馬太(距離耶路撒冷大約32公里左右，位於以法蓮山區之內)的**約瑟**，要求領走耶穌的身體，按照律法在黑夜前埋葬。

路加這樣描述這人：「有一個從猶太地區亞利馬太城來的人……這人良善正直，一向盼望上帝主權的實現。他雖是議會的議員，卻沒有附和別人的計謀和行為。」(路二十三50～51)

約瑟獲許，於是他們便把耶穌從十架上放下來，裹在一塊加了沒藥和沉香的細麻布裏，然後放入本來預留給自

約瑟是個財主(太二十七57)，應該有付錢給彼拉多和眾守衛，好讓他收殮耶穌的屍體。他既是猶太人議會中受人尊敬的議員，竟然出面辦理耶穌安葬的事宜，很有可能會損害自己的名聲。你可有這位約瑟的勇氣呢？

己用的一座新墓，大概在距離各各他不遠的一個花園裏。這墓其實是在山壁裏開鑿出來的，裏面只有一張石桌子，用來安放屍體，墓門口是用一塊大石頭堵死。約翰福音還記載，沒藥和沉香是尼哥德慕帶來的，而他亦有協助埋葬的安排(約十九39)。

在這個星期五晚上，全城都為逾越節祈禱、祝福、唱詩，但是對於耶穌的跟隨者，這是一個痛苦的節日。他們所相信是基督的那個人，上帝竟然讓人把他釘死在十字架上！怎能如此？耶穌像個普通盜賊被釘在十字架上死去。他們大多數人表現得像懦夫，像叛徒，在聖城中四處逃命……一個被釘死在十字架上的人怎麼可能是彌賽亞呢？

埋葬

對死人有合宜的埋葬是古代社會的共通文化習俗，這表示對死人的尊敬；相對之下，對死人缺乏適當的葬禮表示仇視。猶太人的屍體通常是被埋葬(而非火葬)，並且應在人死後不久即被埋葬，因為他們恐怕死屍會使大地不潔(申二十一22～23)，例如，使徒行傳記載，一名初代信徒亞拿尼亞死後3小時內就被人掩埋(徒五6～10)。猶太人的葬禮通常是在人死去的當天舉行，人們將死者的屍體放置於一屍體架或某種架子上(而非棺材內)，並將它從家中抬至安葬地。當屍體腐爛後，死者家屬便將屍骨收藏於一個石造的骨罐，而墳墓便可以供其他人使用。

約翰福音十九章40節清楚說明，耶穌的埋葬是按照「猶太人安葬的規矩」進行的，基本上包括：清洗死者的身體、用油和香料膏抹死者，以及用細麻布包裹死者等等。由於當時快要接近逾越節，有些安葬的習俗就沒有跟隨，例如沒有哀哭者(或受雇的吹笛者)一同哀悼死者(太九23；可五38～39；約十一19、33；徒八2)。為要減低屍體腐化時所發出的腐臭味，猶太人會在裹屍布下面放上大量的香水和香料。埋葬耶穌的亞利馬太人約瑟和尼哥德慕，為耶穌用了30多公斤(即100斤)沒藥和沉香，可看出他們對耶穌的尊重。

10.4. 耶穌苦路的總覽

耶穌的受難既為基督教信仰的核心，這歷史事實並不因時間的消逝而被遺忘，每年的受難節就是為記念這事件而設的。為了在精神上切實體會耶穌受難當日的經歷，約從3世紀開始，有些基督徒便覺得有必要重走一遍耶穌受難之路，又被稱為「苦路」(拉丁文：*Via Dolorosa* 或 *Via Crucis*)。由於城市規劃，今日的耶路撒冷城與耶穌當時的已大不相同，再加上大多數考古學家對很多地方的確實地點未能有共識，今天朝聖者所走的「苦路」與昔日耶穌所走的必定有所不同；然而，這並未減低數以萬計的朝聖者在每年的受難節參與這旅程的興趣。

傳統認為，苦路共有14站，全長約有500米。留意以下所列出的苦路14站，有些(以 * 標示者)是沒有記載於福音書內的(你也可以參考附錄二「苦路14站」的另一版本，並使用附錄二的插圖進行默想)：

- 耶穌被判釘十字架
- 耶穌背起十字架
- 耶穌在十字架重壓下第一次跌倒*
- 耶穌遇見母親馬利亞*
- 耶穌得到古利奈人西門代為背負十字架
- 耶穌得一位名叫維羅妮卡(Veronica)的女子幫助擦去臉上的血*
- 耶穌第二次跌倒*

- 耶穌安慰耶路撒冷的婦女
- 耶穌第三次跌倒*
- 耶穌的外衣被剝去
- 耶穌被釘上十字架
- 耶穌斷氣
- 耶穌從十字架上被放下
- 耶穌被安放在墳墓裏

10.5. 耶穌復活 (可十六1～8；太二十八1～20；路二十四1～53；約二十1～14)

保羅說：「基督若沒有復活，你們的信仰就是幻想，你們仍然迷失在罪中。」(林前十五17)耶穌的復活確實是整個基督信仰的根基，亦是這信仰的獨特之處。耶穌的死把人類的罪獨自承擔起來，上帝藉著耶穌的復活，就把新的生命賜給凡相信他的人。

耶穌的復活對你來說有甚麼價值？你對於耶穌已復活這真理有多大的把握和體會？

對耶穌死於十架之上以及耶穌死後仍然活著的信仰，不僅是撰寫新約書卷的最原先的動力，而且亦解明基督教至今仍然存在的原因。雖然無人親眼目睹耶穌從墳墓裏走出來，但對於新約聖經作者而言，耶穌的復活就如同他被釘在十字架上那樣真切、可信。4卷福音書均清楚宣告耶穌的復活，說明這事件對於整個基督信仰和初代的信仰羣體的重要性。

10.5.1. 耶穌復活了

7日的頭一日，有猶太婦女來到耶穌墓前。突然間，大地震動，並有天使顯現，而這些現象也嚇走了看守耶穌墳墓的士兵。天使宣告耶穌已經復活了，並要這些婦女轉告門徒，讓他們前去加利利同耶穌會面。

她們便馬上回去轉告門徒，然而，「使徒以為這些婦女胡說八道，沒有相信她們的話。」(路二十四11)正當其他人在爭論婦女們的見證，彼得和約翰不管甚麼，跑到墳墓去看個究竟。約翰福音的描述非常仔細：「看見麻紗還在那裏，……又看見那裏耶穌的頭巾沒有跟麻紗放在一起，是捲著，放在另一邊。」(約二十6～7)這又有何特別呢？約翰要指出，墳墓裏的景象是非常齊整的。耶穌本來是被兩條麻布包裹(一條包裹身體，一條包裹頭)，被置放在石桌子上，但如今，耶穌似乎好像一道煙般消失了。

至於這些婦女的身分，不同福音書的記載都略有不同：除了抹大拉的馬利亞這核心人物所有福音書都有提及外(約二十1～2)，有的還提及雅各的母親馬利亞和撒羅米(可十六1；路加另提及約亞娜，參路二十四1、10)，有的提及另一個馬利亞(太二十八1)。但無論是否只有馬利亞，抑或還有其他人，首先發現耶穌復活，都不是甚麼教會領袖或使徒，而是一些不為人所重視，但卻忠心跟隨主的婦女(們)。

婦女們並沒有因為不受重視而放棄信仰上的堅持，這對於你有甚麼提醒呢？

不但如此，按約翰福音，這名抹大拉的馬利亞更是首名接觸復活的主的人。在耶穌向馬利亞表明自己的身分之前(馬利亞以為這人是一位管園的人)，她還是以為耶穌的身體是被偷走了的(約二十2、13)，但當耶穌叫她的名字時，她馬上就把耶穌認出來(約二十16)。馬利亞感到非常驚喜，立時想把耶穌緊緊抓著。耶穌的回答是頗有趣的：「你不要**拉住我**，因為我還沒有上到我父親那裏」；經文當然不是說，耶穌要先到天父那裏去，

《和合本》譯作「摸」，但原文的意思應該是「拉住」或「抓住」。

馬利亞才可以拉住耶穌，而是說，馬利亞不需要拉住耶穌，因為他還未離開；反之，馬利亞必須先到其他門徒那裏去，宣告耶穌復活的信息。

親眼看見復活的耶穌的人

當馬利亞聽到主呼叫她的名字時，就從心裏湧出對他的愛。試想想：耶穌現在就在你身邊，他在呼叫你的名字，你能否像馬利亞一樣從心裏湧出對他的愛呢？

福音書給我們很清楚的信息是，從沒有人相信耶穌會從死裏復活，以至這消息從一些婦女口中傳開來時，很多人都不相信。然而，事實歸事實，耶穌復活後見過很多人，但到底見過復活的主耶穌的見證人有多少呢？保羅在哥林多前書十五章5至7節就嘗試羅列了一張人名表，其中包括：彼得(《和合本》譯作磯法)、十二使徒、500多個跟從他的人、雅各和保羅。

保羅大概不是從歷史的角度來說，他只提及一些教會領袖或大規模的顯現；按約翰福音所記，耶穌最先是向抹大拉的馬利亞顯現(約二十14～18)，更可能包括其他婦女(太二十八9～10)，然後是在以馬忤斯路上遇見的兩個門徒(路二十四13～31)。

10.5.2. 耶穌復活的身體

由於在細節上，4卷福音書對耶穌復活的記載略有出入，要重建或整合出一個連貫的福音故事是相當困難的(儘管這並非不可能)，因此有些人就以為有關耶穌復活的宣告，只是要肯定耶穌的精神依然活著，或只是信徒為耶穌的死而傷悲所產生的幻覺；甚至有說耶穌當時只是在十字架上昏迷了，並在事後甦醒過來。對耶穌之死的質疑是最無根據的，無論是按4卷福音書或教外的文獻(參專欄：「古代文獻的見證」)，都一致地見證耶穌的確是在十字架上死了。

至於耶穌復活，這不但是現代人不易理解的，對當時的人而言更是尷尬和不安的。事件發生後幾十年，馬太福音的作者可能想起昔日有很多猶太人毀謗基督徒，說他們捏造耶穌復活這事，故此特別記載祭司長和法利賽人一起去見彼拉多，請求他派人看守墳墓，又在封墓的石頭上加上封條(太二十七62～66)，好說明要偷耶穌的屍體並不容易。事實上，那些看守的士兵也成了耶穌復活的見證人。馬太這樣記載，某程度上也說明福音書寫成的時候，仍然有教外的人質疑耶穌復活的事件；保羅的書信中亦指出，有些人依然把復活理解為一種非肉體式的現象(林前十五；提後二18)。

我們相信，較後期的福音書作者(除了馬可福音外)有見及此，寫作福音書時均非常強調耶穌復活的真確性，而不是僅得靈魂復活或只是出於門徒的幻覺。耶穌與他們面對面地說話，與他們一起晉餐，給他們觸摸；約翰福音還特別記載，耶穌讓多馬用手摸他肋旁的傷痕。事實上，如果復活的事件是早期基督信徒(如福音書作者)所杜撰的，那麼他們必定是非常愚昧，因為他們記載最早發現這事件的，竟是當時社會認為不可信任的女性跟從者，其中領頭的更是一名曾經被鬼附的女人。就連信徒也對她們的見證不以為然，福音書作者非常中肯地記載，當時的信徒也對此事非常疑惑(太二十八17)。在這方面最突出的描述是約翰記載十二使徒中的多馬的疑惑：

> 多馬對他們說：「除非我親眼看見他手上的釘痕，並用我的指頭摸那釘痕，用我的手摸他的肋旁，我絕對不信。」(約二十25)

另一方面，耶穌復活後的身體與其在世上時的並不完全相同。由復活那一刻起，耶穌的身體似乎不受時空和其他物質所限制，他既可以突然消失，亦可以突然出現。

古代文獻的見證

耶穌之死，除了基督教會的文獻有所記錄，一些古代史學家也有提及這事。

被譽為最偉大的羅馬史學家塔西圖(Cornelius Tacitus, 公元56～120年)，在他著名的《編年史》(*Annals*)中記載尼祿王如何殘害基督徒時，就曾提及基督的死：

「『基督徒』這名稱，源自一個叫*Christus*【即基督】的人。這個基督，於提庇留在位時，在我們一個巡撫龐修・彼拉多的手下被判極刑。」

另一位是公元1世紀著名的猶太裔史學家約瑟夫(Josephus；公元37～101年)，又名夫拉維斯・約瑟夫(Flavius Josephus)。他其中一部著作《猶太古史》，是闡述猶太人的歷史，從古代直至約瑟夫的時候為止。書中有一段文字特別記載有關耶穌受難的事(18.63～64)，學者稱之為「夫拉維斯見證」(拉：*Testimonium Flavianum*)；一般學者認為，這見證的部分內容(以楷書顯示)是後來基督徒加上的：

> 那時有一位叫耶穌的智者—倘若他果真是『人』—出現。因為他做了很多奇異而不可置信的事，又是眾人的教師，人們都因他而欣然接受真理。他吸引了很多猶太人，同樣亦吸引了很多希臘人。這人就是基督。雖然彼拉多在我們的領袖的煽動下，把他釘在十字架上，以作懲辦，但那些從起初就愛他的人，對他始終如一。他〈死後〉第三天，便復活了，並向他們顯現；這些事，以及其他許多與他有關的奇事，上帝的先知們早已預言了。就是今天，那些以他的名稱為基督徒族類的，仍未完全消失。

10.5.3. 復活的信息

耶穌從死裏復活並非只是一種「再生」；(死亡後復得生命氣息)，人即使經歷這種「再生」始終會再次死亡。但耶穌基督的復活乃是徹底地勝過死亡，上帝叫他從死裏復活的意義是：死亡喪失了它的權勢，而生命得到勝利。

保羅說：「如果你口裏宣認耶穌為主，心裏信上帝使他從死裏復活，你就會得救。」(羅十9)相信上帝使耶穌從死裏復活就是認定他是主，無論何人，只要作出這樣的宣認，他就是基督徒。在基督教信仰裏，復活的信息並不在墳墓裏，而是藉著信徒的經歷而表現出來。

在主復活的那主日，有兩個門徒從耶路撒冷走向以馬忤斯(路二十四13～35)，他們滿面愁容，在談論近日的事。耶穌跟著他們走，「**他們看見他，卻不認得他**」。耶穌假裝對所發生的事情一無所知，然後向那兩個門徒問個究竟。門徒向他表達自己的疑惑、迷惘和不解。這位他們原以為是以色列民族拯救者的耶穌居然死了；他們確實不明白、亦不能接受事情竟會如此終結。耶穌於是指出他們的愚昧、遲鈍和對先知話語的無知，因為只要他們打開聖經，必會確知耶穌決不是如此收場；按上帝的旨意，基督受苦只是一個階段，他最終必會進入他的榮耀裏，這是先知們早已曉諭的。

原文的意思是「他們的眼睛卻被抑制，以致不認得他」。(參《呂振中譯本》)

門徒到達目的地，他們邀請他們認不出來的耶穌進去與他們住下。他們坐下一起用飯，「耶穌拿起餅，向上帝感謝了，然後擘開餅，遞給他們。」(二十四30)就在此刻，「**他們的眼睛忽然開了**」，便認出耶穌來，而他也突然消失了。在驚喜中，他們彼此對問：「他在路上向我們說話，給我們解釋聖經的時候，我們的心不是像火一樣地燃燒著嗎？」他們立即起來回耶路撒冷去，向其他門徒講述這經歷。

原文的意思是「他們的眼睛忽然被打開了」。

這是一個非常活潑的見證：門徒在未認出復活的主之先，是「滿面愁容」，但經歷了復活的主之後，他們的心卻是「像火一樣地燃燒著」。這就是復活的力量。有趣的是：這位復活的主在門徒未認出他之前，就向他們顯現，但在他被認出來時，卻馬上消失。這可意味著：上帝向人顯現，起先不為人所知，及後在信心中才顯明出來。這正是今天教會、信徒所要經歷的：不再期望從肉眼上見證這位復活的主，而是從信心和信仰經歷，藉著聖經的話證實基督是活著的。

不單止舊約聖經(即路加在二十四章27節所指的「聖經」)能見證這位復活的主，就是全本聖經，其核心都是這位主。當我們正確地閱讀和解釋聖經，我們便能夠聽到復活主的話。

耶穌已經復活帶給你今生和來生甚麼盼望？

耶穌的復活對基督徒而言委實是一件真確的事件，但一些信主已久的信徒卻因為長期因循地接受這是必然的真理，而失去了他們對復活的好奇和驚訝之心。這種麻木的感受，就好像彼得和約翰見到空墳墓一樣，見過後就走了(約二十10)，全無驚訝。我們必須重拾這種驚訝，使我們再次被耶穌的復活所征服，就如昔日那些為傷悲所折服的信徒們亦同樣被耶穌的復活所征服。

溫習問題

1. 耶穌在客西馬尼園的祈禱流露了怎樣的情緒？對於福音書的讀者來説，有甚麼幫助？
2. 為甚麼耶穌要阻止彼得動武來保護他？
3. 福音書怎樣理解猶大出賣耶穌的原因？
4. 福音書作者提出哪些證據指猶太人議會對耶穌的審訊是不合法的？
5. 猶太人對耶穌的兩項控罪有多嚴重？為甚麼？
6. 彼得因不認主而生的懊悔，與猶大的懊悔有何不同？各自帶來怎樣的結果？
7. 福音書的記載怎樣表明耶穌是逾越節的羔羊？
8. 聖殿裏的幔子裂開，代表了甚麼意思？
9. 猶太人對於十字架的刑罰有甚麼觀念？後期的信徒（例如保羅）對此有何不同的看法？
10. 一般非信徒對耶穌復活的事有甚麼不同的看法？
11. 耶穌的復活事件對於基督徒的身分和職事有甚麼意義？

附錄

附錄一：耶穌生平大綱*

* 本篇附錄節錄自《四福音合參》和《四福音與經外平行經文合參》的內容大綱，大綱內容以《和合本》為依據。

一、序言

段		馬太	馬可	路加	約翰
1.	引言	1.1	1.1	1.1～4	1.1～18

二、緒論

段		馬太	馬可	路加	約翰
2.	預言施洗約翰誕生			1.5～25	
3.	天使傳報耶穌誕生的喜信			1.26～38	
4.	馬利亞探望以利沙伯			1.39～56	
5.	施洗約翰誕生			1.57～80	
6.	耶穌的家譜	1.2～17			
7.	耶穌降生	1.18～25		2.1～7	
8.	朝拜聖嬰耶穌	2.1～12		2.8～20	
9.	耶穌受割禮並在聖殿奉獻			2.21～38	
10.	逃往埃及、歸來	2.13～21			
11.	童年的耶穌在拿撒勒	2.22～23		2.39～40	
12.	孩童耶穌在聖殿聽道			2.41～52	

三、準備時期

段		馬太	馬可	路加	約翰
13.	施洗約翰在曠野傳道	3.1～6	1.2～6	3.1～6	1.19～23
14.	約翰傳悔改的道	3.7～10		3.7～9	
15.	約翰答問			3.10～14	
16.	約翰傳揚救世主	3.11～12	1.7～8	3.15～18	1.24～28
17.	約翰被囚			3.19～20	
18.	耶穌受洗	3.13～17	1.9～11	3.21～22	1.29～34
19.	耶穌的家譜			3.23～38	
20.	耶穌受試探	4.1～11	1.12～13	4.1～13	

四、耶穌開始公開傳道(根據約翰福音)

21.	耶穌最先呼召的幾個門徒				1.35～51
22.	迦拿婚筵				2.1～11
23.	耶穌在迦百農小住				2.12
24.	耶穌首次上耶路撒冷				2.13
25.	耶穌潔淨聖殿				2.14～22
26.	耶穌在耶路撒冷的傳道工作				2.23～25
27.	耶穌與尼哥底母談道				3.1～21
28.	耶穌在猶太地的傳道工作				3.22
29.	施洗約翰見證基督				3.23～36

五、耶穌在加利利的傳道工作

30.	耶穌來到加利利	4.12	1.14上	4.14上	4.1～3
31.	耶穌與撒馬利亞婦人談道				4.4～42
32.	耶穌在加利利的傳道工作	4.13～17	1.14下～15	4.14下～15	4.43～46上
33.	耶穌到拿撒勒傳道			4.16～30	
34.	耶穌呼召眾門徒	4.18～22	1.16～20		
35.	耶穌在迦百農會堂教訓人		1.21～22	4.31～32	
36.	耶穌在會堂醫治被鬼附的人		1.23～28	4.33～37	
37.	耶穌醫治彼得的岳母		1.29～31	4.38～39	
38.	耶穌在傍晚醫治眾人		1.32～34	4.40～41	
39.	耶穌離開迦百農		1.35～38	4.42～43	
40.	耶穌第一次到加利利各城各鄉傳道	4.23	1.39	4.44	
41.	門徒將得人如得魚			5.1～11	
42.	耶穌潔淨長大痲瘋的人		1.40～45	5.12～16	
43.	耶穌治癒癱子		2.1～12	5.17～26	
44.	利未(馬太)被召		2.13～17	5.27～32	
45.	關於禁食的問題		2.18～22	5.33～39	
46.	人子是安息日的主		2.23～28	6.1～5	
47.	在安息日醫治手枯乾的人		3.1～6	6.6～11	
48.	耶穌在海邊醫治眾病人		3.7～12		
49.	耶穌揀選十二門徒		3.13～19	6.12～16	

六、登山寶訓（根據馬太福音）

50.	耶穌教訓眾人的情景	4.24～5.2			
51.	八福篇	5.3～12			
52.	論世上的鹽	5.13			
53.	論世上的光	5.14～16			
54.	論律法和先知亡	5.17～20			
55.	論殺人和恨人	5.21～26			
56.	論姦淫和休妻	5.27～32			
57.	論起誓	5.33～37			
58.	論報復	5.38～42			
59.	論愛仇敵	5.43～48			
60.	論施捨	6.1～4			
61.	論禱告	6.5～6			
62.	主禱文	6.7～15			
63.	論禁食	6.16～18			
64.	論真財寶	6.19～21			
65.	眼睛是身上的燈	6.22～23			
66.	論一僕不能事奉二主	6.24			
67.	論憂慮	6.25～34			
68.	關於論斷人	7.1～5			
69.	論玷污聖物	7.6			
70.	祈求就得著	7.7～11			
71.	待人之道	7.12			
72.	兩扇門，兩條路	7.13～14			
73.	「憑著他們的果子……」	7.15～20			
74	「稱呼我『主啊！主啊！』的人」	7.21～23			
75.	根基立在磐石上	7.24～27			
76.	講道的效果	7.28～29			

七、耶穌在平原講道（根據路加福音）

77.	耶穌教訓眾人的情景			6.17～20上	
78.	八福篇			6.20下～23	

79.	論禍			6.24～26	
80.	論愛仇敵			6.27～36	
81.	關於論斷人			6.37～42	
82.	「憑著他們的果子……」			6.43～45	
83.	根基立在磐石上			6.46～49	

八、耶穌繼續在加利利的傳道工作

84.	耶穌潔淨長大痲瘋的人	8.1～4			
85.	迦百農的百夫長	8.5～13		7.1～10	4.46下～54
86.	拿因城寡婦的兒子			7.11～17	
87.	耶穌醫治彼得的岳母	8.14～15			
88.	耶穌在傍晚醫治眾人	8.16～17			
89.	論跟隨主	8.18～22			
90.	耶穌平靜風和海	8.23～27			
91.	格拉森的惡鬼	8.28～34			
92.	耶穌治癒癱子	9.1～8			
93.	利未(馬太)被召	9.9～13			
94.	關於禁食的問題	9.14～17			
95.	睚魯的女兒和患血漏病的女人	9.18～26			
96.	兩個瞎子得醫治	9.27～31			
97.	啞巴鬼被耶穌趕出	9.32～34			
98.	莊稼多，工人少	9.35～38			
99.	耶穌差遣十二使徒	10.1～16			
100.	服事主的艱難	10.17～25			
101.	勸勉門徒在人前認主	10.26～33			
102.	家庭內的紛爭	10.34～36			
103.	服事主的條件	10.37～39			
104.	服事主的賞賜	10.40～42			
105.	耶穌繼續往各城傳道	11.1			
106.	施洗約翰差人問主，耶穌的回答	11.2～6		7.18～23	
107.	耶穌為施洗約翰作見證	11.7～19		7.24～35	

108.	耶穌責備加利利諸城有禍了	11.20～24		
109.	耶穌感謝天父	11.25～27		
110.	「到我這裏來」	11.28～30		
111.	人子是安息日的主	12.1～8		
112.	在安息日醫治手枯乾的人	12.9～14		
113.	耶穌在海邊醫治眾病人	12.15～21		
114.	婦人與香膏			7.36～50
115.	事奉耶穌和門徒的婦女			8.1～3
116.	有人污蔑耶穌癲狂		3.20～21	
117.	駁倒法利賽人的讒言	12.22～30	3.22～27	
118.	褻瀆聖靈的罪	12.31～37	3.28～30	
119.	約拿的神蹟	12.38～42		
120.	污鬼回到人身內	12.43～45		
121.	信者皆耶穌親屬	12.46～50	3.31～35	
122.	撒種的比喻	13.1～9	4.1～9	8.4～8
123.	用比喻的緣由	13.10～17	4.10～12	8.9～10
124.	解明撒種的比喻	13.18～23	4.13～20	8.11～15
125.	「有耳可聽的，就應當聽」		4.21～25	8.16～18
126.	種子生長的比喻		4.26～29	
127.	稗子的比喻	13.24～30		
128.	芥菜種的比喻	13.31～32	4.30～32	
129.	麵酵的比喻	13.33		
130.	耶穌用比喻	13.34～35	4.33～34	
131.	解明稗子的比喻	13.36～43		
132.	藏寶於田及尋珠的比喻	13.44～46		
133.	撒網的比喻	13.47～50		
134.	新舊珍寶	13.51～52		
135.	信者皆耶穌親屬			8.19～21
136.	耶穌平靜風和海		4.35～41	8.22～25
137.	格拉森的惡鬼		5.1～20	8.26～39
138.	睚魯的女兒和患血漏病的女人		5.21～43	8.40～56
139.	拿撒勒人厭棄耶穌	13.53～58	6.1～6上	

140.	耶穌第二次上耶路撒冷				5.1
141.	耶穌在畢士大池旁醫病				5.2～47
142.	耶穌差遣十二使徒		6.6下～13	9.1～6	
143.	希律對耶穌的看法	14.1～2	6.14～16	9.7～9	
144.	施洗約翰之死	14.3～12	6.17～29		
145.	使徒回來		6.30～31	9.10上	
146.	五千人得飽	14.13～21	6.32～44	9.10下～17	6.1～15
147.	耶穌履海	14.22～23	6.45～52		6.16～21
148.	耶穌在革尼撒勒醫病	14.34～36	6.53～56		6.22～25
149.	耶穌是生命的糧				6.26～59
150.	禮上的污穢，心裏的污穢	15.1～20	7.1～23		
151.	耶穌誇獎迦南婦人的信心	15.21～28	7.24～30		
152.	耶穌醫治聾啞人和其他病人	15.29～31	7.31～37		
153.	四千人得飽	15.32～39	8.1～10		
154.	法利賽人求主顯神蹟	16.1～4	8.11～13		
155.	法利賽人的酵	16.5～12	8.14～21		
156.	耶穌在伯賽大醫治瞎子		8.22～26		

九、上十字架的道路

157.	好些門徒厭棄耶穌				6.60～66
158.	彼得承認耶穌為基督	16.13～20	8.27～30	9.18～21	6.67～71
159.	耶穌預言他的受難	16.21～23	8.31～33	9.22	
160.	「若有人要跟從我……」	16.24～28	8.34～9.1	9.23～27	
161.	耶穌改變形像	17.1～9	9.2～10	9.28～36	
162.	以約翰喻以利亞	17.10～13	9.11～13		
163.	耶穌醫治癲癇病孩子	17.14～21	9.14～29	9.37～43上	
164.	耶穌再次預言他將受難	17.22～23	9.30～32	9 43下～45	
165.	從魚口得稅銀	17.24～27			
166.	天國裏誰為大	18.1～5	9.33～37	9.46～48	
167.	「不敵擋我們的，就是幫助我們的」		9.38～41	9.49～50	
168.	絆倒人的有禍了	18.6～9	9.42～50		
169.	迷路羊的比喻	18.10～14			

170.	論責備弟兄	18.15～18		
171.	「有兩三個人奉我的名聚會……」	18.19～20		
172.	論饒恕	18.21～22		
173.	不憐憫人的比喻	18.23～35		

十、耶穌最後一次上耶路撒冷（根據路加福音）

174.	定意上耶路撒冷			9.51
175.	撒馬利亞人不接待耶穌			9.52～56
176.	論跟隨主			9.57～62
177.	主差遣七十人			10.1～12
178.	耶穌責備加利利諸城有禍了			10.13～15
179.	「聽從你們的，就是聽從我」			10.16
180.	七十人回來			10.17～20
181.	耶穌感謝天父和論門徒的福			10.21～24
182.	最大的誡命			10.25～28
183.	好撒馬利亞人的比喻			10.29～37
184.	馬利亞與馬大			10.38～42
185.	主禱文			11.1～4
186.	半夜借餅的比喻			11.5～8
187.	祈求就得著			11.9～13
188.	關於鬼王別西卜的辯論			11.14～23
189.	污鬼回到人身內			11.24～26
190.	真正的福份			11.27～28
191.	約拿的神蹟			11.29～32
192.	論心裏的光			11.33
193.	眼睛是身上的燈			11.34～36
194.	述說法利賽人和律法師的六禍			11.37～54
195.	法利賽人的酵			12.1
196.	勸勉門徒在人前認主			12.2～9
197.	褻瀆聖靈的罪			12.10
198.	聖靈的指教和幫助			12.11～12

199.	警戒貪心		12.13～15
200.	無知的財主		12.16～21
201.	勿慮衣食		12.22～32
202.	積財寶在天		12.33～34
203.	警醒與忠心		12.35～48
204.	家庭內的紛爭		12.49～53
205.	分辨這時候		12.54～56
206.	與對頭和解		12.57～59
207.	悔改或滅亡（不結實的無花果樹的比喻）		13.1～9
208.	在安息日醫治殘疾女人		13.10～17
209.	芥菜種的比喻		13.18～19
210.	麵酵的比喻		13.20～21
211.	要努力進窄門		13.22～30
212.	警告希律		13.31～33
213.	耶穌為耶路撒冷歎息		13.34～35
214.	在安息日醫治臌脹病人		14.1～6
215.	凡自高的必降為卑		14.7～14
216.	盛大筵席的比喻		14.15～24
217.	服事主的條件		14.25～33
218.	鹽的比喻		14.34～35
219.	迷路羊的比喻		15.1～7
220.	失錢的比喻		15.8～10
221.	浪子的比喻		15.11～32
222.	不義的管家		16.1～9
223.	論在小事上忠心		16.10～12
224.	論一僕不能事奉兩個主		16.13
225.	法利賽人被耶穌責備		16.14～15
226.	關於律法		16.16～17
227.	關於休妻		16.18
228.	財主和拉撒路的比喻		16.19～31
229.	絆倒人的有禍了		17.1～3上
230.	論饒恕		17.3下～4

231.	論信心			17.5～6	
232.	我們是無用的僕人			17.7～10	
233.	十個長大痲瘋的人被潔淨			17.11～19	
234.	神的國在心裏			17.20～21	
235.	人子的日子			17.22～37	
236.	不義之官的比喻			18.1～8	
237.	法利賽人和稅吏的禱告			18.9～14	

十一、耶穌在住棚節上耶路撒冷(根據約翰福音)

238.	耶穌仍在加利利				7.1～9
239.	耶穌暗暗上耶路撒冷				7.10～13
240.	耶穌在聖殿裏教訓人				7.14～39
241.	眾人因耶穌起紛爭				7.40～52
242.	拿淫婦來問難主				〔7.53～8.11〕
243.	「我是世界的光」				8.12～20
244.	與猶太人論道				8.21～29
245.	「真理必叫你們得以自由」				8.30～36
246.	魔鬼之子				8.37～47
247.	「還沒有亞伯拉罕，就有了我」				8.48～59
248.	耶穌醫好生來瞎眼的人				9.1～41
249.	「我是好牧人」				10.1～18
250.	猶太人又起紛爭				10.19～21

十二、耶穌在猶太傳道

251.	耶穌來到猶太	19.1～2	10.1		
252.	論休妻與禁慾	19.3～12	10.2～12		
253.	耶穌為小孩祝福	19.13～15	10.13～16	18.15～17	
254.	青年財主	19.16～22	10.17～22	18.18～23	
255.	論財主難進天國和跟從主的賞賜	19.23～30	10.23～31	18.24～30	
256.	葡萄園的比喻	20.1～16			
257.	耶穌在耶路撒冷過修殿節				10.22～39

258.	耶穌到約旦河外去				10.40～42
259.	拉撒路復活				11.1～44
260.	祭司長和法利賽人商議要殺耶穌				11.45～53
261.	耶穌退到以法蓮城				11.54～57
262.	耶穌第三次預言受難	20.17～19	10.32～34	18.31～34	
263.	西庇太的兩個兒子；門徒中誰將為首	20.20～28	10.35～45		
264.	瞎子(巴底買)得醫治	20.29～34	10.46～52	18.35～43	
265.	稅吏撒該			19.1～10	
266.	銀子的比喻			19.11～27	
267.	馬利亞用香膏抹主				12.1～8
268.	商議除掉拉撒路				12.9～11

十三、耶穌在耶路撒冷最後的傳道工作

269.	耶穌騎驢進耶路撒冷	21.1～9	11.1～10	19.28～40	12.12～19
270.	耶穌為耶路撒冷哀哭			19.41～44	
271.	耶穌進耶路撒冷(潔淨聖殿)，返回伯大尼	21.10～17	11.11		
272.	無花果樹被咒詛	21.18～19	11.12～14		
273.	耶穌潔淨聖殿		11.15～17	19.45～46	
274.	祭司長文士共謀殺耶穌		11.18～19	19.47～48	
275.	無花果樹枯乾	21.20～22	11.20～26		
276.	耶穌權柄的疑問	21.23～27	11.27～33	20.1～8	
277.	兩個兒子的比喻	21.28～32			
278.	兇惡園戶的比喻	21.33～46	12.1～12	20.9～19	
279.	盛大筵席的比喻	22.1～14			
280.	該撒的物應歸該撒	22.15～22	12.13～17	20.20～26	
281.	關於復活的問題(撒都該人辯駁復活之事)	22.23～33	12.18～27	20.27～40	
282.	最大的誡命	22.34～40	12.28～34		
283.	關於大衛子孫的問題	22.41～46	12.35～37上	20.41～44	
284.	文士和法利賽人的災禍	23.1～36	12.37下～40	20.45～47	

285.	耶穌為耶路撒冷歎息	23.37～39			
286.	寡婦的兩個小錢		12.41～44	21.1～4	

十四、論末世

287	預言聖殿被毀	24.1～2	13.1～2	21.5～6	
288	耶穌降臨的預兆	24.3～8	13.3～8	21.7～11	
289	預言有迫害	24.9～14	13.9～13	21.12～19	
290	災難的日子	24.15～22	13.14～20	21.20～24	
291	假基督和假先知	24.23～28	13.21～23		
292	人子降臨	24.29～31	13.24～27	21.25～28	
293	主來的時候：無花果樹的比喻	24.32～36	13.28～32	21.29～33	
294	結論：「要謹慎，警醒祈禱」(根據馬可福音)		13.33～37		
295	結論：「要謹慎，警醒」(根據路加福音)			21.34～36	

十五、耶穌受難前的日子

1.以末世耶穌降臨的比喻補充有關末世的講論(根據馬太福音)

296.	洪水的比喻和勸戒眾人要警醒	24.37～44			
297.	善僕與惡僕的比喻	24.45～51			
298.	十個童女的比喻	25.1～13			
299.	按才幹受責任的比喻	25.14～30			
300.	末後的審判	25.31～46			

2.一般最後的記敘(根據路加福音)

301.	耶穌在耶路撒冷的傳道工作			21.37～38	

3.最後的記敘(根據約翰福音)

302.	希臘人尋見耶穌；耶穌論到他的死				12.20～36
303.	斥人們的不信				12.37～43

304.	信子就是信父				12.44～50

十六、耶穌受難的敘述

1. 耶穌往客西馬尼

305.	用計殺主	26.1～5	14.1～2	22.1～2	
306.	馬利亞用香膏抹主	26.6～13	14.3～9		
307.	猶大賣主	26.14～16	14.10～11	22.3～6	
308.	預備逾越節的筵席	26.17～20	14.12～17	22.7～14	
309.	耶穌為門徒洗腳				13.1～20
310.	耶穌預言他的被賣	26.21～25	14.18～21		13.21～30
311.	最後的晚餐	26.26～29	14.22～25	22.15～20	
312.	耶穌預言他的被賣			22.21～23	
313.	門徒中的首位問題和服事主的賞賜			22.24～30	
314.	新的命令——彼此相愛				13.31～35
315.	預言彼得不認主	26.30～35	14.26～31	22.31～34	13.36～38
316.	兩把刀			22.35～38	

2. 告別的訓誨(根據約翰福音)

317.	「你們心裏不要憂愁」				14.1～14
318.	應許賜保惠師				14.15～26
319.	留下平安				14.27～31
320.	耶穌是真葡萄樹				15.1～8
321.	「常在我的愛裏」				15.9～17
322.	恨主者必恨信主的				15.18～25
323.	聖靈的見證				15.26～27
324.	論迫害				16.1～4
325.	聖靈的工作				16.5～15
326.	憂愁變為喜樂				16.16～22
327.	奉主名求告				16.23～28
328.	預言門徒要分散				16.29～33
329.	分離的禱告				17.1～26

3. 被拿、受難和埋葬

330.	客西馬尼	26.36～46	14.32～42	22.39～46	18.1
331.	耶穌被捉拿	26.47～56	14.43～52	22.47～53	18.2～12
332.	在公會前受審(彼得不認主)	26.57～68	14.53～65	22.54～71	18.13～24
333.	彼得不認主	26.69～75	14.66～72		18.25～27
334.	耶穌被交給彼拉多	27.1～2	15.1	23.1	18.28
335.	猶大之死	27.3～10			
336.	在彼拉多前受審	27.11～14	15.2～5	23.2～5	18.29～38
337.	耶穌在希律面前			23.6～12	
338.	彼拉多聲稱耶穌無罪			23.13～16	
339.	釋放耶穌還是巴拉巴？	27.15～23	15.6～14	23.17～23	18.39～40
340.	「你們看這個人！」				19.1～15
341.	彼拉多將耶穌交給人釘十字架	27.24～26	15.15	23.24～25	19.16上
342.	耶穌受兵丁戲弄	27.27～31上	15.16～20上		
343.	往各各他去的路上	27.31下～32	15.20下～21	23.26～32	19.16下～17上
344.	耶穌被釘十字架	27.33～37	15.22～26	23.33～34	19.17下～27
345.	耶穌在十字架上遭譏誚	27.38～43	15.27～32上	23.35～38	
346.	兩個強盜	27.44	15.32下	23.39～43	
347.	耶穌死的景象	27.45～54	15.33～39	23.44～48	19.28～30
348.	耶穌受難的目擊者	27.55～56	15.40～41	23.49	
349.	耶穌肋旁被槍扎				19.31～37
350.	耶穌的埋葬	27.57～61	15.42～47	23.50～56	19.38～42
351.	兵丁看守墳墓	27.62～66			

十七、復活

352.	婦女們往看墳墓	28.1～8	16.1～8	24.1～12	20.1～13
353.	耶穌向婦女們顯現	28.9～10			20.14～18
354.	守衛的報告	28.11～15			
355.	耶穌在以馬忤斯向門徒顯現			24.13～35	
356.	耶穌向他的門徒顯現（多馬不在）			24.36～43	20.19～23

357.	耶穌向他的門徒顯現（多馬在場）				20.24～29
358.	耶穌在十一門徒坐席時向他們顯現		〔16.14～18〕		
359.	耶穌在加利利的一座山上向門徒顯現	28.16～20			
360.	耶穌在提比哩亞海邊向門徒顯現				21.1～14
361.	保羅述說基督復活和顯現	林前- 5.3～8			

十八、後記：四福音的結束語

362.	馬可的短結束語		〔見《現修》註腳〕		
363.	馬可的長結束語		〔16.9～20〕		
364.	馬太的結束語：偉大的使命	28.16～20			
365.	路加的結束語：耶穌最後的教訓和升天			24.44～53	
366.	約翰的結束語				20.30～31
367.	約翰附言：耶穌在提比哩亞海。彼得和耶穌所愛的門徒。最後的見證				21.1～25

附錄二：「苦路14站」(另一版本)

「苦路14站」的歷史相當悠久，默想「苦路14站」是天主教的傳統，直至近年，不少新教教會(包括福音派教會)亦開始借用這種默想方法來追憶主耶穌基督受難的經過。然而，由於原來版本其中5站的出處並非源自聖經，有見及此，有教會把原來版本加以修訂。

以下的版本(包括默想經文及選用之翻譯)由五旬節聖潔會永光堂提供，圖案設計者是該堂會友黃若詩姊妹。

第一站：耶穌與門徒吃最後晚餐
「這是我的身體；這是我立約的血。」
(參可十四22、24)

第二站：耶穌在客西馬尼園的祈禱和被捕
「不要從我的意思，只要從你的意……。」
(參可十四36)

第三站：耶穌面對公會的審訊
「你是上帝的兒子基督不是？」
(參太二十六63)

第四站：耶穌面對彼拉多的審訊
「真理是甚麼？」
(參約十八38)

第五站：耶穌受戲弄和鞭打

「兵丁給耶穌穿上紫袍，又用荊棘編做冠冕給祂戴上。」（參可十五17）

第六站：耶穌背負十架

「不背著祂的十字架跟從我的，也不配作我的門徒。」（太十38）

第七站：西門背起耶穌的十架

「兵丁勉強古利奈人西門同去，好背著耶穌的十字架。」（參可十五21）

第八站：耶路撒冷婦女為耶穌哭泣

「不要為我哭，當為自己和自己的兒女哭。」（參路二十三28）

第九站：耶穌被脫去衣服及被釘十架

「兵丁將耶穌釘在十字架上，就拈鬮分祂的衣服。」（太二十七35）

第十站：十架上耶穌的寬恕與安慰

「父啊！赦免他們；因為他們所做的，他們不曉得。」（路二十三34）

第十一站：耶穌與十架下的門徒和母親

「母親，看，你的兒子！」「看，你的母親！」

(參約十九26～27)

第十二站：耶穌的死亡及百夫長的認信

「這人真是上帝的兒子。」

(參可十五39)

第十三站：耶穌被埋葬

「約瑟取下耶穌的身體，用細麻布裹好，安放在墳墓裏。」

(參路二十三52～53)

第十四站：耶穌復活

「為甚麼在死人中找活人呢？祂不在這裏，已經復活了。」

(參路二十四5～6)

附錄三：耶路撒冷地形圖

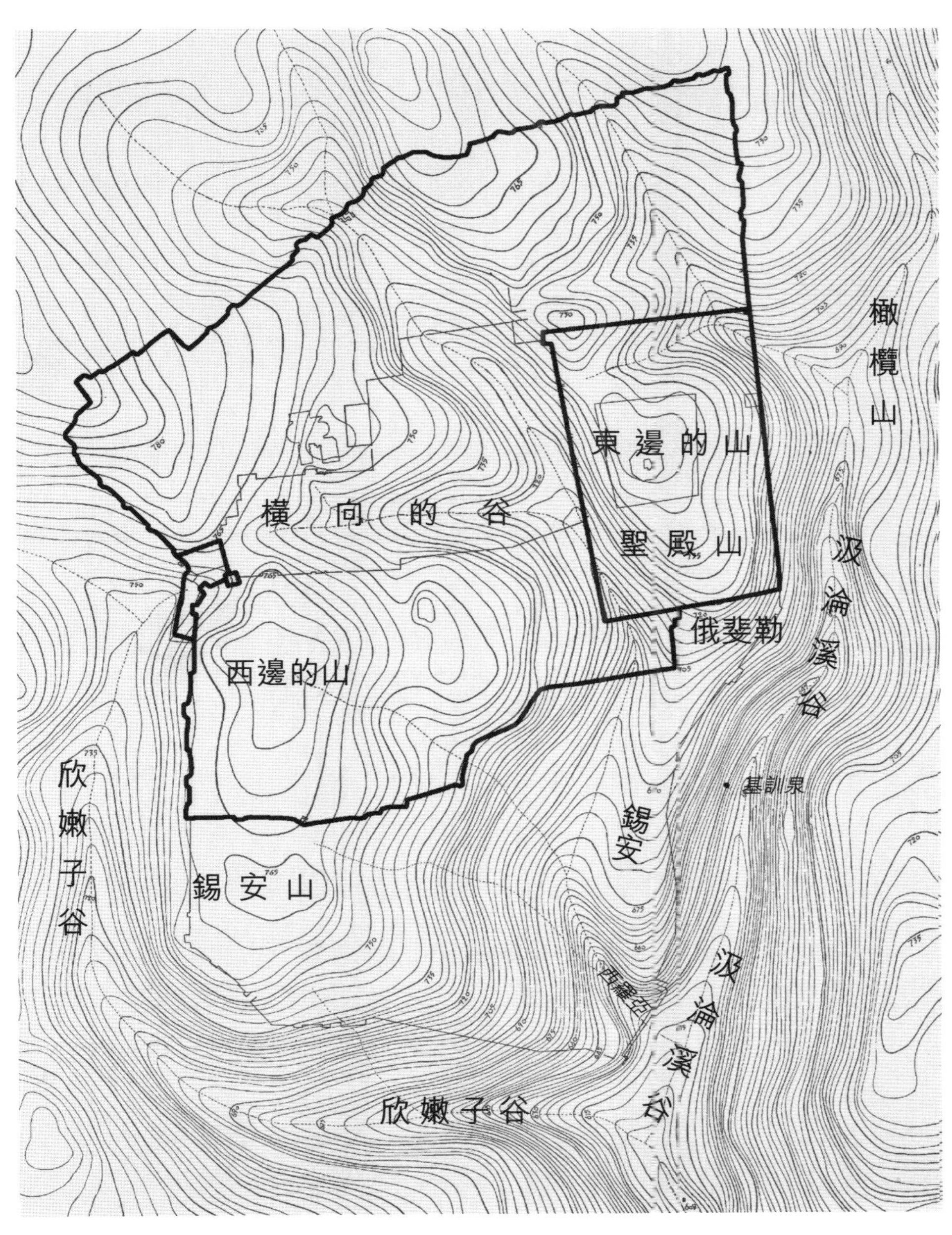

聖經通識叢書

兼顧學術研究的精確和執著，
並教會信徒生活上的的實踐。

聖經鳥瞰

為您精簡而全面地展現聖經的本體與其來龍去脈

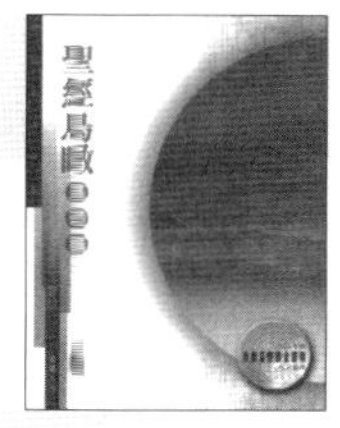

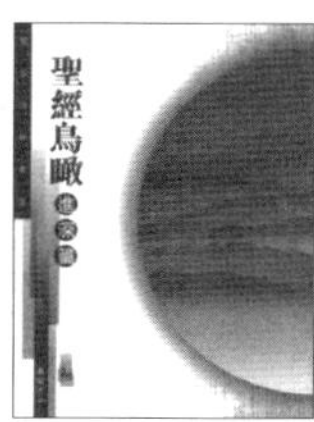

基礎篇 黃錫木 著／HK$93

進深篇 黃錫木 著／HK$68

聖經書卷要領

助您宏觀同類的聖經書卷

舊約先知書要領 黃嘉樑、梁國權、雷建華 著／HK$98

耶穌生平與福音書要領 孫寶玲、黃錫木 著／HK$98

使徒行傳與保羅書信要領 張達民、黃錫木 著／HK$98

希伯來書、大公書信與啟示錄要領 張略、黃錫木 著／HK$78

聖經書卷析讀

助您進深分析個別聖經書卷的內容和信息

在曠野中與上帝同行——民數記析讀 黃嘉樑 著／HK$168

建立新世代——申命記析讀（卷上） 賴建國 著／HK$138

建立新世代——申命記析讀（卷下） 賴建國 著／HK$138

剛強壯膽回應上帝的應許——約書亞記析讀 黃嘉樑 著／HK$163

背約沉淪的循環軌迹——士師記析讀 吳獻章 著／HK$138

以敬以虔活在當下——傳道書析讀 吳慧芬 著／HK$138

愛的審判與生命的應許——耶利米書析讀 熊潤榮 著／HK$168

在上帝裏（不）能承受的創傷——約拿書析讀 黃嘉樑 著／HK$128

與人同在的彌賽亞君王——馬太福音析讀（卷上） 黃漢輝 著／HK$128

與人同在的彌賽亞君王——馬太福音析讀（卷下） 黃漢輝 著／HK$128

奔走風塵的僕人——馬可福音析讀 張略、黃錫木 著／HK$118

逆轉人生的上帝之子——路加福音析讀 孫寶玲 著／HK$128

道成為人的耶穌——約翰福音析讀 吳道宗 著／HK$138

風起雲湧的初代教會——使徒行傳析讀 張達民、黃錫木 著／HK$98

情理之間持信道——加拉太書、帖撒羅尼迦前後書析讀 張達民、郭漢成、黃錫木 著／HK$98

同歸於一得基業——以弗所書析讀 郭漢成、劉聰賜 著／HK$128

連於基督走窄路——歌羅西書析讀 曾思瀚 著／蘇慧中 等譯／HK$103

僕人領袖的教導與領導——提多書、提摩太前書析讀 曾思瀚 著／曾景恒 譯／HK$138

擁抱危機的事奉傳承——提摩太後書析讀 曾思瀚 著／曾景恒 譯／HK$98

其他出版

讓您多方、多向，更完整地研讀聖經

憑祢恩言——實用基督徒生活手冊 郭鴻標、黃錫木 主編／HK$108

聖經通識手冊 羅慶才、黃錫木 主編／HK$188

緊扣時代 服事教會

以文字傳揚基督真道

讀者意見表

衷心多謝你購買本社書籍。本社一直致力以出版事工服事教會，幫助信徒扎根於神的話語，促進靈命增長。為使我們的出版更能滿足你的需要，請填寫下列各項資料，並寄回或傳真予本社。

所購書籍：________________

本書最吸引你的地方：
☐作者 ☐適切性 ☐文筆 ☐設計 ☐實用性
☐其他：________________

購買本書地點：
☐基道書樓 ☐基督教書店 ☐非基督教書店

性別：☐男 ☐女 職業：________________

信仰：☐基督徒 ☐非基督徒

年齡：☐16歲或以下 ☐17～25歲 ☐26～35歲
☐36～55歲 ☐56歲或以上

學歷：☐中三或以下 ☐中五 ☐預科
☐大學 ☐研究院

☐我欲更多了解基道出版社的事工及考慮支持，請寄給我下列資料：
☐機構簡介 ☐新書資料 ☐基道會員通訊
☐《基道文字事工通訊》

姓名：________________ 電話：________________

地址：________________

____

傳真：________________ 電子郵件：________________

其他意見：________________

____

多謝賜教！

意見表可以傳真（2687-0281）或直接郵寄以下地址：
香港沙田火炭坳背灣街26號富騰工業中心1011室
基道出版社編輯部收